SOCIOLOGIA
do Ensino Médio
Crítica ao economicismo na política educacional

EDITORA AFILIADA

Conselho Editorial de Educação:
José Cerchi Fusari
Marcos Antonio Lorieri
Marcos Cezar de Freitas
Marli André
Pedro Goergen
Terezinha Azerêdo Rios
Valdemar Sguissardi
Vitor Henrique Paro

Dados Internacionais de Catalogação na Publicação (CIP)
(Câmara Brasileira do Livro, SP, Brasil)

Sociologia do ensino médio : crítica ao economicismo na política educacional / Nora Krawczyk, (org.). – São Paulo : Cortez, 2014.

Vários autores.
ISBN 978-85-249-2178-0

1. Educação 2. Política educacional 3. Sociologia (Ensino médio) I. Krawczyk, Nora.

14-01135   CDD-306.43

Índices para catálogo sistemático:

1. Sociologia da educação   306.43

Nora Krawczyk
(Org.)

Agnès van Zanten ▪ Bernard Charlot
Guillermina Tiramonti ▪ Maria Alice Nogueira
Marilia Pontes Sposito ▪ Raquel Souza
Rosemeire Reis ▪ Wania Guimarães Lacerda

SOCIOLOGIA do Ensino Médio

Crítica ao economicismo na política educacional

SOCIOLOGIA DO ENSINO MÉDIO: crítica ao economicismo na política educacional
Nora Krawczyk (Org.)

Capa: de Sign Arte Visual
Preparação de originais: Ana Paula Luccisano
Revisão: Alexandra Resende
Composição: Linea Editora Ltda.
Coordenação editorial: Danilo A. Q. Morales

Nenhuma parte desta obra pode ser reproduzida ou duplicada sem autorização expressa do organizador e do editor

© 2013 by Autores

Direitos para esta edição
CORTEZ EDITORA
Rua Monte Alegre, 1074 – Perdizes
05014-001 – São Paulo – SP
Tel. (11) 3864-0111   Fax: (11) 3864-4290
E-mail: cortez@cortezeditora.com.br
www.cortezeditora.com.br

Impresso no Brasil — abril de 2014

Sumário

Prefácio — A encruzilhada da instituição escolar
  Mariano Fernández Enguita 7

Introdução — Conhecimento crítico e política educacional: um diálogo difícil, mas necessário
  Nora Krawczyk 13

Desafios da reflexão sociológica para análise do ensino médio no Brasil
  Marilia Pontes Sposito e *Raquel Souza* 33

As relações com os estudos de alunos brasileiros de ensino médio
  Bernard Charlot e *Rosemeire Reis* 63

Efeitos da concorrência sobre a atividade dos estabelecimentos escolares
  Agnès van Zanten 93

Os *rankings* de estabelecimentos de ensino médio e as lógicas de ação das escolas. O caso do Colégio de Aplicação da UFV
  Maria Alice Nogueira e *Wania Guimarães Lacerda* 127

L'école de la périphérie (A escola da periferia) revisitada
  Agnès van Zanten 163

A escola moderna. Restrições e potencialidades frente às
exigências da contemporaneidade
  Guillermina Tiramonti 185

Sobre os Autores 207

PREFÁCIO

A encruzilhada da instituição escolar

*Mariano Fernández Enguita**

Ensinar tudo a todos — proclamou como finalidade da escola primária Comênio, que pode ser considerado o pai da Pedagogia da Idade Moderna, que hoje chamaríamos tradicional. Mas a realidade é teimosa e pouco dada aos eufemismos. Os educadores gostam de considerar a escola, o sistema educativo e a história da educação como contínuos, e daí imagens como a da *pirâmide* escolar; ordinais como *primária, secundária, terciária*; neologismos como *progride adequadamente*; ou hagiografias beatíficas da educação como as que os estudantes que se preparam para o magistério costumam estudar.

A realidade é que a escola primária, então chamada simplesmente *popular, elementar, de primeiras letras, petite école, Volkschule* etc., não queria outra coisa que educar *pouco a muitos*. Nem sequer a todos, pois quase em toda parte foram amplamente excluídas consideráveis minorias (ciganos na Europa, indígenas e afrodescendentes por toda a América, uma ampla faixa rural ou marginal em toda parte) e, às

---

* Professor na Universidad Complutense, Madri, Espanha <www.enguita.info>.

vezes, nem sequer um pouco e sim nada, pois de outro modo não se poderiam entender esses bolsões históricos de escolas a cargo de mestres-escolas analfabetos (professores primários dedicados simplesmente a disciplinar os meninos e professoras primárias consagradas a tornar as meninas piedosas).

Do outro lado estava a escola que hoje chamamos *secundária* ou *ensino médio*, então conhecida como *liceu, Gymnasium, grammar school, instituto*, em certos casos *colégio*, onde se educava *muito a poucos*, a muito, muito poucos (muito menos do que os que hoje, em qualquer país, chegam à universidade). Estes não provinham das escolas populares, mas de suas próprias *classes preparatórias*, e a brecha entre os dois subsistemas se reflete ainda hoje na terminologia dual herdada: mestres e professores, alunos e estudantes, instrução e ensino. Não é casualidade que Le Pelletier destinasse uns para o doutrinamento e outros para a razão, nem que Napoleão entregasse a escola elementar à Igreja enquanto integrava os liceus no aparelho do Estado leigo.

As reformas compreensivas romperam até certo ponto esse modelo dual. Em alguns países, que não tinham tradição de escolarização separada, foi relativamente fácil, em particular na União Soviética e nos Estados Unidos, por motivos diferentes e com finalidades distintas, mas com o elemento comum de fazer da escola um mecanismo integrador, frente à disparidade herdada das antigas classes ou das etnias originais, e de assentar o futuro desenvolvimento econômico numa mão de obra qualificada. Na maior parte do mundo, no entanto, supostamente se fundiram dois subsistemas que tinham vivido já por longo tempo separados, um de costas para o outro (se não em oposição aberta), desenvolvendo cada qual a sua própria infraestrutura, sua cultura peculiar, seu corpo docente especializado. Emmanuel Todd escreveu que o grande êxito do século XIX foi a generalização da escola primária, com a demonstração de que a leitura e a escrita, em outro tempo consideradas um saber esotérico ao alcance de só alguns poucos, podiam chegar a ser dominadas por todos, mas que o grande fracasso do século XX esteve na generalização não concluída da escola secundária. E creio que não é um fracasso, mas um conflito aberto e encoberto que envolve o conjunto da sociedade e que atravessa, inclusive hoje, a própria instituição escolar e a profissão docente.

Para começar por nós mesmos, costumo valer-me, quando me toca falar disso, de uma imagem que ficou gravada na minha retina numa das minhas primeiras viagens ao Brasil: o *encontro das águas*. Assim como as águas do Rio Negro e do Solimões correm por quilômetros sem se misturar, assim fazem hoje, creio (na Espanha tenho certeza), no ensino *médio, secundário, inferior*, ou seja lá como são chamados em cada sistema educativo o legado e as tradições da escola elementar e do ensino acadêmico, em particular os docentes com origem no corpo de mestres ou no de professores do secundário. Como as águas do Solimões e do Negro, convivem sem se misturar a perspectiva globalista e a disciplinar, a cultura igualitária e a meritocrática, a tradição de adaptação às classes populares ou às classes médias e altas. Noutras palavras, o problema não está simplesmente fora, no choque entre políticas pró e anti-igualitárias, mas também dentro, no choque entre duas instituições fundidas sem que tenham sido fundidos os seus objetivos, nem a sua cultura, nem os seus núcleos profissionais.

O problema é que no êxito do e no ensino médio, em seu êxito coletivo para as nações e no êxito individual para as pessoas, se situa hoje a divisória entre algo (pouco ou muito) e nada (ou menos que nada) no mercado de trabalho globalizado e na economia digital já onipresente. O Cedefop[1] na Europa, Pisa (Programa para a Avaliação Internacional de Estudantes) para o mundo industrializado e uma multidão de estatísticas de emprego e de investigações monográficas nacionais e internacionais nos estão mostrando que, sem pelo menos um título secundário pós-obrigatório, pouco se pode oferecer ou pedir no mercado de trabalho; que o ensino obrigatório é o mínimo, o nível zero; que não possuir isto é estar abaixo do mínimo; que os que estão no mínimo ou abaixo do mínimo estão obrigados, em todo momento,

---

1. Centro Europeu para o Desenvolvimento da Formação Profissional.

a aceitar trabalhos de mera sobrevivência e estão expostos, a todo momento, a ser substituídos pela automação ou por um excedente maciço de outros trabalhadores nas mesmas condições, ou simplesmente se veem expulsos para as margens, sem emprego, *descartáveis*, sem outra proteção que não seja a tão questionada do Estado de bem-estar ou a da família, se houver tal proteção. Contra a promessa tão repetida pelos que vivem para e da educação, a sociedade do conhecimento não parece que será exatamente um lugar acolhedor para os desfavorecidos. Pode, sim, converter-se num cenário mais duro que qualquer outro anterior, em termos econômicos.

Mas as dificuldades em fazer chegar a todos o que alguns já vinham desfrutando, com a consequente promessa de bem-estar, a inevitável frustração por não consegui-lo e a raivosa reação contra tudo o que se opõe a isso, não deveriam nos ocultar processos mais de fundo. O desenvolvimento do novo ambiente digital, com as tecnologias da informação e da comunicação, os novos meios sociais, os serviços de relação social (as malfaladas *redes sociais*), as comunidades de aprendizagem *on-line* etc. estão solapando a instituição escolar. A atual difusividade do acesso à informação, do aprendizado e do conhecimento, que rompe as barreiras do tempo e lugar, os constrangimentos de planos, programas e textos, a autoridade de instituições e de profissionais, é justamente o contrário desse processo de especificação, ou especialização, em termos temporais, espaciais, funcionais, sequenciais, organizativos, profissionais etc. que deu lugar à escola. A atual rejeição aberta ou encoberta do ensino médio, que se manifesta no abandono, fracasso não evitado, absenteísmo interior, aborrecimento, condutas disruptivas, não é apenas coisa de grupos sociais que não terminam de chegar, mas também dos que já começam a ir embora. O ambiente digital oferece hoje possibilidades de uma aprendizagem mais personalizada, mais livre, mais horizontal, mais colaborativa, mais atrativa e, às vezes, também mais rica, mais relevante, mais significativa, de maior qualidade.

O ensino médio foi e é, há muito tempo, a encruzilhada estrutural do sistema educativo, o ponto no qual uns fatalmente terminam e outros verdadeiramente começam, no qual se jogam os destinos individuais à medida que podem depender da educação, no qual se encontram ou se separam — segundo as políticas públicas e as práticas profissionais — os distintos grupos sociais. Agora ele é também, e será cada vez mais, em termos dinâmicos, de mudança social, a fase em que a instituição esgota para muitos o seu atrativo e o novo ambiente digital desenvolve-se com maior força, fase em que alguns começam a ver como inalcançáveis os objetivos propostos e outros a não ver interesse nem valor neles, fase na qual os próprios aprendizes começam a diferenciar, por si mesmos, as possíveis vias de aprendizagem e deixam de se conformar com qualquer coisa.

INTRODUÇÃO

Conhecimento crítico e política educacional: um diálogo difícil, mas necessário

Nora Krawczyk

Estudar sociologicamente a educação é uma forma promissora de contribuir com o processo de democratização da sociedade, do Estado e das novas vinculações entre ambos. É ao que se propõe este livro. Trata-se de promover um diálogo entre o conhecimento social crítico e a ação pública na educação, o que significa debater questões complexas, em uma arena cheia de conflitos e tensões. É um diálogo difícil, porém necessário.

Oszlak e O'Donnell (1981), partindo da teoria política, analisam o processo social pelo qual uma questão transforma-se num problema a ser resolvido pelas políticas públicas, mais exatamente pelo Estado. Afirmam que as questões — necessidades e demandas — que são problematizadas numa época determinada, numa sociedade determinada, são aquelas que interessam a certas classes e organizações estrategicamente situadas. São essas classes e organizações que têm condições de promover a incorporação de tais questões à agenda de problemas socialmente vigentes. Outras questões, por mais importantes que sejam, deixam de ser incluídas nas agendas porque lhe são negadas o caráter socialmente problemático, sob o argumento da sua inexistência ou sua inevitabilidade.

Dá-se então o processo de problematização social daquele assunto, até sua resolução ou desaparecimento como uma questão reconhecida socialmente. Nele interferem diferentes atores afetados positiva ou negativamente pela emergência desse problema e pelas possíveis soluções, assumindo comportamentos que tendem a modificar o mapa das relações sociais e o universo de problemas que são objeto de consideração na arena política.

Na última década, o Estado brasileiro assumiu a responsabilidade pela universalidade, obrigatoriedade e gratuidade do ensino básico[1]. São muitos os desafios que envolvem essa responsabilidade, frente uma realidade educacional que expressa enorme dívida social e requer uma atuação agressiva do poder público para atender, em curto prazo, não somente às demandas locais, mas também às exigências internacionais. Iniciou-se um conjunto de políticas nacionais e estaduais que procuram o aumento da matrícula, permanência e êxito dos estudantes, afetando as relações de poder na organização e gestão do sistema educacional e no trabalho pedagógico nas escolas. Afetam também as trajetórias escolares dos estudantes e as condições de trabalho docente e o comportamento das famílias.

O Brasil está em meio a um processo progressivo de inclusão educacional. Simultaneamente, persistem velhos, e criam-se novos, procedimentos de seleção, que reforçam a segregação escolar e desigualdade de oportunidades na sociedade brasileira. Há procedimentos explícitos e implícitos, alguns dos quais passam despercebidos ao observador apressado e não recebem suficiente atenção na hora da definição das políticas e de suas ações.

As referências empíricas utilizadas para o estudo da eficiência de certas políticas e/ou para a problematização de certas questões, como também para transformá-las em assuntos de decisão política,

---

1. Infantil, fundamental e médio.

SOCIOLOGIA DO ENSINO MÉDIO

são oriundas de diferentes campos do conhecimento (o que tem ampliado o próprio conceito de conhecimento). No entanto, a adesão a esta ou aquela área de conhecimento, a esta ou aquela referência teórica, a esta ou aquela referência empírica não são decisões neutras, mas expressam visões e interesses sociais em conflito. É o que acontece no caso das políticas educacionais, em cujo referencial têm predominado pesquisas originadas no âmbito da economia e/ou pesquisas 'por evidência'. Pode-se notar isso tanto na América Latina quanto na Europa.

Consideramos que a ausência de diálogo entre as ciências sociais e a política educacional tem se expressado, sobretudo, na pouca atenção às dinâmicas institucionais e sociais, quando se trata de implementar determinadas ações e estratégias governamentais. Interessa-nos aqui superar a visão economicista da educação e a visão 'da evidência'. Trata-se de ampliar o leque de questões a serem levadas em conta, revelando assim aspectos dos quais a ação política necessita se ocupar.

Campo fértil para o estudo da relação entre ciências sociais e política educacional

Escolhemos como estudo empírico e/ou como categoria de análise o ensino médio porque o consideramos um espaço particularmente sensível às mudanças ocorridas a partir da segunda metade do século XX. Nele, mais que em qualquer outro nível de ensino, expressaram-se de forma contundente as transformações de ordem social, econômica e cultural que afetaram profundamente toda a educação pública em diferentes países. Portanto, é na definição de políticas para o ensino médio que se têm dado os debates mais controversos, as constantes problematizações, os maiores impasses.

Olhando para a gênese, configuração e consolidação dos sistemas educacionais nacionais, a análise das dinâmicas institucionais e sociais é particularmente fértil quando pensamos o ensino médio, porque é possível observar na sua história uma tensão constante entre universalização e seleção, entre articulação interna e segmentação. Nessa tensão está a disputa entre diferentes grupos sociais pela apropriação de parcelas dos conhecimentos socialmente construídos, por um espaço no mercado de trabalho e pela participação no ensino superior. Quando as elites e setores médios se afastam do ensino público, à medida que este se expande, abandonam a disputa passando a fortalecer os espaços privados de ensino. Assim, com a escola pública relegada aos setores populares, ela perde valor não só econômico, mas também simbólico, produzindo a desvalorização dos diplomas e da profissão docente, e criando o falso binômio quantidade *versus* qualidade.

O ensino médio contém uma historicidade marcada pelas contradições entre democracia e capitalismo no século XX que se expressa numa dinâmica social de inclusão e, simultaneamente, de aparecimento de novas formas de exclusão. Não é por outra razão que hoje ele está entre os principais temas em pauta nos debates educacionais, tanto na Europa como nas Américas. Os problemas e os desafios têm muitos pontos em comum, até mesmo entre países com importantes diferenças nas raízes históricas de seus sistemas educacionais.

Viñao (2006), ao analisar as mudanças na estrutura e na organização dos sistemas educacionais nacionais a partir do século XIX, mostra que, no caso europeu, essas mudanças implicaram um duplo processo de articulação interna e segmentação: com critérios uniformes, mas, ao mesmo tempo, diferenciada e hierarquizada internamente, com planos de estudo e alunado diferenciado.

Nos diferentes países do Ocidente, a educação média surgiu com uma configuração dual e assim se manteve em quase toda a primeira metade do século XX. Em uma de suas modalidades, a que atendia à maioria da população escolarizada, cumpria a função de formar mão de obra qualificada; em outra, tinha por objetivo preparar as elites políticas e profissionais, com uma finalidade propedêutica e socialmente distintiva. Não se colocava em questão a apropriação diferenciada do conhecimento socialmente produzido. No caso específico do Brasil, o ensino médio (antigo curso secundário) constituiu-se como espaço de ensino das elites. O ensino profissionalizante surgiu sob a forma de cursos de curta duração e só muito mais tarde foram aos poucos aparecendo escolas médias profissionalizantes.

O processo de reconstrução do "capitalismo democrático", na Europa do pós-guerra, e a hegemonia política da ideologia social-democrata colocaram a educação escolar e, em especial, o ensino médio como um espaço privilegiado não só de mão de obra qualificada, mas também, e principalmente, de formação de uma cidadania política. Isso seria possível pela difusão de um conjunto de saberes e valores nos quais se acentuou o projeto universalista-humanista da modernidade.

A valorização da educação como um processo de formação cidadã, as tensões sociais produzidas pelo fracasso das promessas democratizantes e a comprovação dos efeitos discriminatórios da educação formal, que favorece os alunos de origem social mais alta, puseram em questão a dualidade da organização dos sistemas educativos e os mecanismos de seleção, promovendo diferentes reformas. Assim, na Europa, nos finais da década de 1960, realizaram-se as chamadas 'reformas compreensivas', prolongando o tronco comum do ensino médio. Esse debate e suas reformas influíram também nas políticas de diferentes países latino-americanos.

A falta de consenso em torno da dualidade na identidade do ensino médio (formação geral e/ou profissional); os movimentos constantes de reforma na sua estrutura, ao longo do século XX, passando de uma organização única a uma organização com orientações e vice-versa; e as demandas constantes para inclusão e/ou exclusão de novos conteúdos no currículo são exemplos das tensões em torno desse nível de ensino nos diferentes países.

No caso do Brasil, as deficiências atuais do ensino médio são expressões de uma industrialização tardia e que emerge sem romper com o padrão oligárquico tradicional (Fernandez, 1981), o que impediu que a educação se tornasse uma prioridade para o desenvolvimento do capitalismo e, principalmente, permitiu que se adiasse a construção de um sistema democrático de educação pública, projeto que permanece inacabado. Ao mesmo tempo, o ensino médio sofre os abalos das mudanças ocorridas no final do século XX, que transformaram significativamente a ordem social, econômica e cultural, com importantes consequências para toda a educação pública.

Na redefinição do conhecimento como principal ativo dos países — a chamada sociedade da informação e do conhecimento —, muitos se têm perguntado sobre o futuro da educação média, ante as novas formas de provisão e modalidades de aprendizagem favorecidas pela revolução das comunicações. Hoje, a difusão de informação é tão rápida e disponível para a maioria da população que talvez não existam nem instituições nem profissionais capazes de desempenhar mais eficazmente essa tarefa do que as novas tecnologias da informação e comunicação, e elas acabam competindo com o caráter cultural da escola. Mas, paradoxalmente, podemos também afirmar que o conhecimento nunca esteve tão distante dos processos de divulgação da informação e nunca a relação entre ambos foi tão perversa, aprofundando direta ou indiretamente a segregação educacional. Assim, a concentração do conhecimento é colocada como a nova e mais importante dimensão de estruturação do poder e da desigualdade (Enguita, 2010).

Essas novas modalidades de informação e de comunicação presentes hoje na *web* produzem linguagens, conhecimentos, modos de vida, valores etc., que desafiam a escola tanto em sua função de transmitir conhecimentos quanto em seu caráter socializador. A transmissão cultural proposta pelas mídias é muito mais forte que a transmissão cultural da escola.

O desafio da escola é proporcionar aos jovens ferramentas que os desloquem do lugar de espectadores passivos e lhes permitam interagir e decodificar, de forma crítica, esses novos códigos culturais apresentados pelos meios audiovisuais e eletrônicos; compreender os interesses em jogo, os propósitos implícitos etc. É uma mudança radical do projeto cultural da escola (Barbero, 2002; Tiramonti, 2005).

Uma expressão clara do grau de controvérsia que existe em torno do ensino médio no Brasil, da sua relação com o mundo do trabalho e de seu sentido cultural e cidadão é o fato de que no período de 30 anos ele foi alvo de múltiplas reformas. Reformas curriculares, reformas quanto à sua administração pelo MEC, reformas de organização e gestão das escolas.

Como em outros países da América Latina, no Brasil o ensino médio passou a integrar a educação básica e obrigatória, sendo-lhe conferindo o estatuto de direito de todo cidadão. O fato é que, seja pela demanda provocada pelo contexto econômico mais amplo de reordenamento internacional, seja pelo aumento da demanda juvenil procurando melhores condições de empregabilidade ou pela demanda resultante das políticas de priorização do ensino fundamental, o ensino médio vem se expandindo e explicitando novos desafios.

Projetos diferentes de sociedade, relações de poder e conflitos inerentes ao sistema capitalista estão em jogo no movimento contraditório de inclusão, exclusão e segmentação. Esse movimento, que é estrutural do desenvolvimento da educação pública, foi e continua sendo analisado por diferentes perspectivas teóricas e áreas da sociologia. Ele não pode ser negado na hora de pensar políticas educativas democratizantes, porque seria negar a dinâmica social na qual a escola está inserida.

Conhecimento e políticas educacionais: quais enfoques são privilegiados?

Nas últimas décadas, no marco das reformas educacionais que buscaram principalmente a reconfiguração da gestão pública, através de mudanças das competências e responsabilidades do Estado, do mercado e da instituição escolar na educação, a economia tornou-se uma disciplina invocada também para análise da eficiência das políticas educacionais. Entenda-se aqui por eficiência a capacidade de obter a melhor relação custo-benefício, em termos de rendimento e dispêndio. O enfoque economicista da educação, com o registro de experiências bem-sucedidas e de resultados mensuráveis, tornaram-se, nos últimos 30 anos, os conhecimentos privilegiados na definição de políticas.

Abordagem economicista

Uma característica bastante comum entre os economistas que estudam a educação, principalmente em momentos de crise do capitalismo, é ampliar seu foco de análise para além das dimensões econômicas que se deve levar em conta na política educacional, ultrapassando sua especificidade.

Desde o advento da Teoria do Capital Humano, nos anos 50 do século passado até hoje, essa abordagem, comumente chamada de visão economicista, estabelece uma relação de causalidade entre educação e desenvolvimento econômico do país e entre educação e mobilidade social (Schultz, 1997). Assim, preocupada em identificar a rentabilidade do investimento em educação, acaba produzindo proposições bastante reducionistas. Nas últimas décadas, incluiu-se também a ideia da imprescindibilidade da educação para melhorar a distribuição de renda e como requisito de empregabilidade. A teoria econômica, subordinada à lógica mercantil capitalista e no marco das teorias do desenvolvimento que surgem após a Segunda Guerra Mundial, foi se orientando cada vez mais à interpretação de quase todas as dimensões dos sistemas educativos. É a partir dela que atualmente se analisa a relação da educação com o Estado e a sociedade, transformando-se essa metodologia em principal ferramenta para a definição das políticas educacionais (Pires, 2005; Frigotto, 1984).

"A economia foi se tornando uma disciplina imperialista que, pouco a pouco, iria invadindo a antropologia, a sociologia, as ciências políticas etc." (Beaud y Dostaler, 1997 apud Morduchowicz, 2003, p. 27). As reformas educacionais implementadas na década de 1990 no Brasil e em outros países latino-americanos, sob forte indução de organismos internacionais, são um exemplo recente do espaço que a economia, sob a vertente neoclássica, foi ocupando e se tornando a disciplina legítima para, através de uma série de pesquisas e análises de custo-benefício, definir prioridades e financiamentos para educação e justificar decisões e ações concretas (Coraggio, 1996).

O economicismo, ao tirar determinações políticas diretamente de resultados provenientes de estudos econômicos, provoca no senso comum a confusão entre quantificar e explicar, ocultando o verdadeiro significado dos números.

Evidências e pragmatismo

Nas últimas décadas, no marco das recentes reformas educacionais que colocam em pauta um conjunto de questões e mecanismos de informação e avaliação, uma tendência que vem se impondo nos âmbitos político-educacional é a defesa da pesquisa "pragmática". Trata-se de apresentar dados e conhecimentos capazes de evidenciar situações educacionais suficientemente confiáveis e um conjunto de considerações práticas, para que sejam úteis na resolução de problemas (Campos, 2009; Brunner, 1996). Renasce o interesse pela pesquisa em eficácia escolar, cuja origem encontramos nos Estados Unidos e Inglaterra em meados do século passado (Brooke e Soraes, 2008; Andrade e Soares, 2008). Essa abordagem busca identificar os fatores responsáveis pelo sucesso dos alunos (as chamadas escolas eficazes), para replicar esses fatores, seja por ações do poder governamental, seja pelas ações das próprias unidades escolares.

Contribuiu para o predomínio dessa tendência o processo iniciado na década de 1980 de desconfiança da produção universitária, principalmente na área de ciências sociais, ao mesmo tempo que ganhava força a valorização da experiência empresarial. Os métodos de gestão das empresas, sistematizados e transformados em conhecimento (tecnologia empresarial), passaram a ser considerados como passíveis de ser aplicados à educação, para tornar mais eficientes a organização e a gestão do sistema educacional e de suas instituições.

Tal lógica, contrapondo-se à lógica universitária de produção de conhecimento, abriu espaço para que institutos e fundações empresáriais, em associação com ONGs, começassem a fazer pesquisas para subsidiar as políticas educacionais, através de evidências empíricas e consultorias a cargo de *experts*. Esses conhecimentos com outras "experiências bem-sucedidas"[2] no âmbito educacional produzem a circulação de um conjunto de propostas que resultam numa nova organicidade[3] da educação pública, claramente subordinada aos interesses de um setor da burguesia de nosso país.

Tal como comenta Maria Malta Campos (2006), conformam-se dois campos de produção paralela, com diferenças importantes no tipo de relacionamento que estabelecem com os órgãos oficiais (governos) e com organismos internacionais. Vários organismos internacionais apoiam essas pesquisas e põem em circulação — através de fóruns, publicações, consultorias etc. — os resultados que legitimam suas recomendações. Como pergunta Brunner (1996), o conhecimento assim produzido, como parte do mercado de serviços, pode manter sua capacidade crítica?

A política baseada na evidência constitui muitas vezes um modo de influenciar politicamente a pesquisa, não necessariamente através do financiamento e/ou pelos estudos encomendados, mas por meio da agenda política, hierarquizando e validando certos temas e métodos de pesquisa (Barroso, 2009).

Essas pesquisas de tipo "pragmática", são, em muitos casos registros de experiências 'bem-sucedidas' em outros contextos regionais e/ou internacionais, consideradas plausíveis de serem transportáveis. Este processo produz o que Barroso (2003) chama de "contaminação" entre países, de conceitos, políticas e ações que traduzem uma convergência real com finalidades políticas mais vastas (Ball, 1998).

Podemos dizer que existe uma mutação na ideia de conhecimento ou pelo menos de conhecimento válido, que possui certo valor para a

---

2. As experiências identificadas como exitosas nem sempre se referem à aprendizagem dos estudantes. Muitas vezes, apenas indicam onde foi possível mudar a gestão do sistema educacional e das unidades escolares, implantando-se monitoramento e avaliação de metas previamente definidas e de gestão com forte participação do setor privado.

3. Entendemos por organicidade a expressão da dinâmica pela qual se processam as relações de poder na organização e gestão do sistema educacional e da unidade escolar. Este conceito carrega consigo a historicidade das formas, como foram se concretizando, na esfera pública, os interesses dos diferentes grupos sociais (Krawczyk e Vieira, 2012).

ação política. É aquele conhecimento produzido em curto prazo, sujeito a uma agenda de problemas e/ou orientado pela demanda, e com escasso conteúdo teórico e conceitual, que muitas vezes vem para justificar determinadas abordagens e tendências político-educacionais.

Conhecimento como dimensão de regulação

Com a reconfiguração da relação Estado-sociedade-mercado, produzida a partir da década de 1980 na maioria dos países ocidentais, multiplicam-se os atores que mobilizam o conhecimento para agir no plano político, e esse conhecimento tornou-se um instrumento importante para a tomada de decisões político-educativas. Os governos e agências supranacionais utilizam-no cada vez mais para justificar suas propostas e opções. Isto é, "as próprias políticas públicas põem em prática dispositivos de regulação baseados na difusão de conhecimentos" (Delvaux, 2009). A ideia de conhecimento a que se recorre no processo político não somente sofreu uma mutação, como também foi se alargando na sua trajetória de interação com as políticas públicas. Hoje, invocando a "sociedade do conhecimento" e a partir das mudanças nos processos de regulação, podemos dizer que não somente se ampliaram as instâncias e os atores de regulação educacional, mas também se ampliou o leque de conhecimentos utilizado como dispositivo de regulação, introduzindo-se na categoria de conhecimento um sem-número de informações possibilitadas por novas técnicas de coleta e mecanismos de difusão.

Neste sentido, estar-se-ia designando conhecimento "tudo o que pretende dizer o real e é transmitido por meio de linguagem oral, escrita (textos, quadros estatísticos...), ou iconográfica (gráficos, fotografias, desenhos, filmes...)" (Delvaux, 2009). As fontes, dados e conteúdo de conhecimento são escolhidos fortemente condicionados por interesses e lógicas de poder (Barroso, 2009).

A produção e a circulação de conhecimento vão outorgar, aos diferentes atores, maior ou menor poder de regulação segundo os interesses em jogo. É o caso, por exemplo, da União Europeia, que através do Pisa (Programa para a Avaliação Internacional de Estudantes) oferece uma comparação internacional de rendimento e de outras informações complementares das populações escolarizadas de cada país. Ele tem se tornado cada vez mais uma referência importante não só para a definição de política educacional nacional, mas também como indicador de comparação do desenvolvimento e "capital" humano nos diferentes países, agindo também no espaço da política econômica internacional (Carvalho, 2011).

No caso do Brasil, encontramos também uma multiplicidade e superposição de sistemas de avaliação de resultados. Governos municipais, estaduais e nacional competem pelo uso e circulação desses sistemas e pelos conhecimentos que oferecem.

Segundo Barroso, a capitalização dos conhecimentos — informação, estatística, pesquisas avaliativas, indicadores de resultados, identificação de boas práticas etc. — na política é mais simbólica do que real. "O recurso do conhecimento funciona, assim, como uma espécie de 'placebo' junto à opinião pública para sustentar a convicção de que as medidas tomadas constituem as "terapêuticas" mais ajustadas aos problemas que é preciso resolver" (Barroso, 2009, p. 990).

Os campos da pesquisa sociológica no âmbito da educação

A sociologia, tendo como objeto de estudo o conhecimento do mundo social, das relações sociais, e como propósito compreender como a sociedade age e se perpetua, suas possibilidades de reprodução e/ou transformação, incorpora necessariamente o estudo das práticas sociais produzidas por relações sociais historicamente determinadas. Também incorpora o estudo das configurações particulares que essas práticas assumem em cada uma das sociedades. Por isso, uma sociologia crítica só pode compreender o presente em toda sua plenitude se leva em conta sua historicidade, isto é, através de uma análise sócio-histórica.

A escola tem ocupado, desde sua origem e não só no Brasil, o centro das reflexões sociológicas sobre a educação. Isso se explica pelo fato de ela se constituir em uma das principais instituições de socialização e reprodução no mundo moderno. Frente às desilusões de democratização social através da educação a sociologia, principalmente por meio da obra de Bourdieu, passa a estudar os sistemas escolares e as desigualdades educacionais, no marco de uma sociedade na qual, segundo o autor, se estabelece uma relação de dominação não só econômica, mas também cultural. Segundo Bourdieu, a partir de mecanismos bastante complexos dissecados nas suas pesquisas e teorizações, a instituição escolar contribui para a reprodução da distribuição do capital cultural e, com isso, a reprodução das estruturas de dominação social (Bourdieu, 1998). A partir da obra de Bourdieu, a escola não pode mais ser vista como uma instituição neutra e democratizadora, capaz de promover a mobilidade social e o desenvolvimento dos países. "Onde se via igualdade de oportunidades, meritocracia, justiça social, Bourdieu passa a ver reprodução e legitimação das desigualdades sociais" (Nogueira e Nogueira, 2004, p. 15). Evidencia as dinâmicas sociais de concorrência, desvalorização dos diplomas, produzidas a partir da expansão dos sistemas escolares; a importância do capital cultural e social para o êxito educacional e profissional, entre outros.

É inegável a importância da produção de Bourdieu para educação. Bernard Charlot declarou, dias após sua morte: "Nós (os sociólogos da sua geração) tivemos de nos definir em relação a Bourdieu para construir nosso espaço de pensamento".[4]

Essas pesquisas e teorizações incentivaram estudos, no âmbito das ciências sociais, que evidenciam as dinâmicas internas das instituições escolares e suas contradições. Vão analisar as práticas de ensino e de comunicação, a seleção dos conteúdos e as relações professor e aluno, entre outros, e como esses processos reproduzem as

---

4. Publicado no jornal *Le Monde*, em 26 jan. 2002. Citado em Nogueira e Nogueira (2004, p. 11).

desigualdades sociais, étnicas e de gênero. Essas pesquisas de caráter qualitativo, e às vezes até etnográfico, oferecem insumos importantes para compreender os comportamentos e dinâmica institucional escolar e inferir resultados não desejados e não previstos de certas ações político-educacionais. São estudos que vão desmistificar a ideia de que a escola está a serviço dos interesses da classe dominante, mas ao mesmo tempo desmistifica também que ela seja uma instituição neutra, que transmite conhecimentos universais, para um jovem a-histórico. Dimensões que podem ser consideradas pilares para um diálogo fértil entre a sociologia e a política educacional. No caso do Brasil, o movimento pela democratização do país e a incorporação no debate público da educação como serviram de pano de fundo dessas pesquisas.

A partir da década de 1990, a necessidade do diálogo entre ciências sociais e política educacional tem levado vários sociólogos da educação a se interessar pelo que alguns pesquisadores chamaram de sociologia das políticas da educação, para compreender — utilizando a pesquisa sociológica — os processos e práticas educativas e sociais que se produzem a partir das políticas educacionais implementadas nos últimos 20 anos (Bonal, 1998; Whitty, 2000).[5] Esses estudos têm como foco principal as transformações produzidas a partir da configuração de uma nova ordem social e de governabilidade. Analisam as mudanças produzidas na organicidade dos sistemas educacionais e das escolas, sua relação com o Estado e com as diversas organizações da sociedade, e os novos mecanismos de controle estatal e social.

Esta perspectiva sociológica crítica oferece importantes elementos para a compreensão da direção que vem tomando as políticas educacionais e as novas configurações da educação pública, em contraposição às visões economicistas e tecnocráticas, hoje hegemônicas quando se trata de lidar com os problemas educacionais.

É ela que dá conta de interpretar as correlações de forças internas ao âmbito político-educacional, no qual se digladiam diferentes grupos

---

5. Entrevista realizada e publicada em Torres, 2000.

de interesse. Ou que revela tensões e contradições dos projetos de democratização da educação, quando implementados num contexto histórico em que a informação e o conhecimento — seu acesso e distribuição — tomam uma importância ainda maior na estruturação do poder na sociedade capitalista. Ou ainda as dinâmicas institucionais e sociais (nem sempre previstas), desencadeadas a partir da implementação de determinadas ações e estratégias governamentais, como também os processos de segregação educacional e as novas configurações das desigualdades educacionais. E analisa a função desempenhada pela escola nas mudanças sociais, culturais e econômicas atuais e seu papel na legitimação social.

Entretanto, no interior da sociologia da educação, existem também outros olhares para a escola, já não necessariamente como objeto de investigação — unidade empírica —, mas como categoria de análise. São estudos que partem da ideia de que "mesmo considerando-se a escola como unidade empírica de investigação, é preciso reconhecer que elementos não escolares penetram, conformam e são criados no interior da instituição, merecendo também ser investigados" (Sposito, 2003, p. 215). Esta seria uma perspectiva não escolar da reflexão sociológica da escola.[6]

Estudos das relações entre os processos de mudança das sociedades e a realidade dos sistemas educacionais; estudos da escola a partir de uma série de práticas e modos de vida não estritamente escolares, tais como as formas de ação coletiva e suas demandas educativas, a condição infantil e/ou juvenil contemporânea e outros são identificados por Sposito ao analisar diferentes perspectivas de análise sociológicas que contribuem para ampliar o olhar sociológico e a capacidade de análise do fenômeno escolar (Sposito, 2003).

Desvendar as práticas institucionais e sociais em que se concretizam as políticas educacionais, tal como fazem as ciências sociais, não significa de maneira alguma que sejam inelutáveis. Trata-se de

---

6. Perspectiva não escolar, como afirma Sposito, ou via não escolar, segundo Barrère e Martuccelli (2000).

levar a que, no intenso processo de inovação e experimentação de programas governamentais hoje presentes no cenário educacional brasileiro, haja um reposicionamento do poder público na problematização das questões educacionais. É necessário abertura recíproca para um diálogo entre analistas acadêmicos e tomadores de decisão política, que não replique a demanda pela apresentação de experiências exitosas, mas que tenha significado na produção político-educacional. Este livro pretende colaborar com esse reconhecimento e diálogo.

Cinco olhares sociológicos sobre desafios educacionais na Europa e na América Latina

A partir de olhares de diferentes autores, as várias pesquisas aqui apresentadas abordam problemáticas identificadas e analisadas sociologicamente, oferecendo subsídios para a compreensão das dinâmicas institucionais, do jovem que assiste à (ou desiste da) escola, do papel cultural da escola e de sua relação com o mundo do trabalho. São dimensões consideradas pilares para um diálogo necessário entre conhecimento e política educacional.

Marilia Pontes Sposito e Raquel Souza, no capítulo "Desafios da reflexão sociológica para análise do ensino médio no Brasil", analisam os processos centrados na condição juvenil, no marco das transformações recentes no ensino médio brasileiro. São processos que derivam, em grande parte, da expansão das matrículas e da consequente alteração, de modo significativo, da composição do corpo discente. De outra parte, nos últimos anos, a demanda de escolaridade se alia, como em décadas passadas, a projetos de mobilidade social ascendente de segmentos mais heterogêneos da população. O ensino médio passa a absorver jovens de origem social, racial e territoriais cada vez mais diversas, muitos deles já inseridos no mercado de trabalho ou que pretendem fazê-lo, que reagem aos modelos vigentes da oferta escolar, quer pelo abandono, quer pela escassa adesão a parâmetros e práticas educativas das unidades escolares.

Bernard Charlot e **Rosemeire Reis** apresentam a contribuição da sociologia para o êxito do processo de expansão do ensino médio, analisando "as relações com os estudos de alunos brasileiros de ensino médio". A partir de uma reflexão crítica da contribuição e limitações da teoria da reprodução, para compreender o sucesso ou fracasso escolar dos novos setores sociais que estão ingressando no ensino médio, os autores afirmam a necessidade de questionar o saber, sua transmissão e sua apropriação e o potencial da sociologia para a compreensão do confronto dos alunos com o saber. Complementam a reflexão com resultados de uma pesquisa empírica sobre os sentidos atribuídos ao aprender, com jovens e adultos de uma escola de ensino médio em Maceió, e os desafios para os estudos nesta etapa de escolarização.

Agnès van Zanten analisa os "efeitos da concorrência sobre a atividade dos estabelecimentos escolares" em diferentes contextos locais em cinco países europeus. A hipótese central é que existam outros modos de regulação, tais como as interdependências competitivas, além dos que provêm do Estado ou da comunidade, que atuam simultaneamente com a regulação pelo mercado — ou melhor, quase mercado —, que jogam um papel importante nas estratégias que desenvolvem as escolas de ensino médio.

Outra contribuição da autora para este livro é o artigo "A escola da periferia revisitada", em que avalia as análises apresentadas na primeira edição de seu livro *L'École de la périphérie* à luz de interpretações e enfoques complementares ou concorrentes que têm aportado pesquisas posteriores à sua publicação do livro, incluindo as realizadas pela própria autora.

Maria Alice Nogueira e **Wania Guimarães Lacerda** discutem a relação entre "os *rankings* de estabelecimentos de ensino médio e as lógicas de ação das escolas" a partir da análise sociológica da influência dos atuais *rankings* de estabelecimentos de ensino médio produzidos a partir dos resultados do Exame Nacional do Ensino Médio (Enem) sobre as lógicas de ação das escolas e das famílias. Um caso, em particular, é focalizado: o do Coluni, colégio de aplicação da Universidade Federal de Viçosa (UFV), que vem ocupando, nos últimos anos, o primeiro lugar dentre as escolas públicas, nos *rankings* nacionais de estabelecimentos de ensino, em decorrência dos resultados obtidos por seus alunos no Enem.

Por último, **Guillermina Tiramonti** faz uma provocação ao leitor ao discorrer sobre "a escola moderna", suas restrições e potencialidades, para dar respostas às exigências da contemporaneidade. Analisa a vigência da organização moderna da escola média para a transmissão cultural e a integração social na sociedade contemporânea. São identificados os problemas que hoje enfrentam os sistemas educacionais latino-americanos ao tentar responder às demandas de incorporação social e relevância cultural que se expressam através da questão "incluir com qualidade". São apresentadas e discutidas as múltiplas e heterogêneas alternativas de organização institucional implementadas por diferentes países da região para dar resposta a essas exigências.

Dessa maneira, a obra põe em destaque uma realidade escolar e social sem precedentes e ao mesmo tempo num novo espaço: o espaço global. As evidências que mostram as pesquisas apresentadas neste livro ainda não foram suficientemente problematizadas para poder se tornar, como afirmam O'Donnell e Oszlak, "um problema a ser resolvido" pelas políticas públicas. Portanto, a leitura da presente obra nos vai conduzindo a uma série de reflexões imprescindíveis a um diálogo com os movimentos sociais e com o Estado. Reflexões que dizem respeito à valorização social da educação escolar na sociedade contemporânea e à dificuldade de se criar "uma outra escola", que honre o reconhecimento que ainda a escola possui. Esperamos que este livro ajude a dar respostas às mudanças culturais, sociais e econômicas do século XXI, que por enquanto têm servido apenas para justificar a contaminação da política educacional e da prática educativa pela lógica do mercado.

Referências bibliográficas

ANDRADE, Renato J.; SOARES, José Francisco. *O efeito da escola básica brasileira. Estudos em Avaliação Educacional*, v. 19, n. 41, set./dez. 2008.

BALL, Steven. Big Polices/small world: na introduction to international perspectives in education policy. *Comparative Education*, v. 34, n. 2. p. 119-130. 1998.

BARBERO, J. M. *La educación desde la comunicación*. Buenos Aires: Norma, 2002.

BARRÈRE, A.; MARTUCCELLI, D. La Fabrication des Individus à l'École. In: ZANTEN, A. van (Org.). *L'École. L'État des Savoirs*. Paris: Éditions la Découverte, 2000.

BARROSO, João. *A escola pública*: regulação, desregulação, privatização. Porto: Edições ASA, 2003.

_____. *A utilização do conhecimento em política*: o caso da gestão escolar em Portugal. *Educação & Sociedade*. Campinas: Cedes, v. 30, n. 109, 2009.

BONAL, Xavier. *Sociología de la educación*. Una aproximación crítica a las corrientes contemporáneas. Barcelona: Paidós, 1998.

BROOKE, N.; SOARES J. F. *Pesquisa em eficácia escolar*: origem e trajetórias. Belo Horizonte: Editora UFMG, 2008.

BOURDIEU, P. *Escritos de educação*. Organização de M. Nogueira e A. Catani. Rio de Janeiro: Vozes, 1998.

_____. *Capital cultural, escuela y espacio social*. México: Siglo XXI, 2011.

BRUNNER, José Joaquín. *Investigación social y decisiones políticas*: el mercado del conocimiento. *Nueva Sociedad*, n. 146, p. 108-121, nov./dez. 1996.

CAMPOS, Maria Malta. Para que serve a pesquisa em educação? *Cadernos de Pesquisa*, v. 39, n. 136, jan./abr. 2009.

_____. *Pesquisa em educação*: algumas questões para debate. *Educação & Linguagem*, v. 9, n. 14, p. 46-58, jul./dez. 2006.

CARVALHO, Luís Miguel. O Pisa como dispositivo de conhecimento & política. In: CARVALHO, Luís Miguel. *O espelho do perito. Inquéritos internacionais, conhecimento e política em educação*: o caso do Pisa. Lisboa: Fundação Manuel Leão, 2011.

CORAGGIO, José Luis. Propostas do Banco Mundial para a educação: sentido oculto ou problemas de concepção? In: TOMMASI et al. (Org.). *O Banco Mundial e as políticas educacionais*. São Paulo: Cortez, 1996.

DELVAUX, Bernard. Qual é o papel do conhecimento na ação política? *Educação & Sociedade*. Campinas: Cedes, v. 30, n. 109, 2009.

ENGUITA, M. F. La institución escolar en la sociedad de la información y el conocimiento, In: FEITO, R. *Sociología de la educación secundaria*. Barcelona: Grao, 2010.

FERNANDEZ, Florestan. *A revolução burguesa no Brasil*: ensaio de interpretação sociológica. Rio de Janeiro: Zahar, 1981.

FRIGOTTO, Gaudêncio. *A produtividade da escola improdutiva*. São Paulo: Cortez/Autores Associados, 1984.

KRAWCZYK, N.; VIEIRA V. L. *Uma perspectiva histórico-sociológica da Reforma Educacional na América Latina*: Argentina, Brasil, Chile e México nos anos 1990. Brasília: Liberlivro, 2012.

MORDUCHOWICZ, Alejandro. *Discusiones de economía de la educación*. Buenos Aires: Losada, 2003.

NOGUEIRA, M.; NOGUEIRA, C. *Bourdieu & a educação*. Belo Horizonte: Autêntica, 2004.

OSZLAK, Oscar; O'DONNELL, Guillermo. Estado y políticas estatales en América Latina: hacia una estrategia de investigación. *Documento G. E. Clacso*. Buenos Aires: Cedes, n. 4, 1981.

PIRES, V. *Economia da educação*. São Paulo: Cortez, 2005.

SCHULTZ, T. W. *O capital humano*. Rio de Janeiro: Zahar, 1997.

SPOSITO, M. Uma perspectiva não escolar no estudo sociológico da escola. *Revista USP*. São Paulo, mar./maio 2003.

TIRAMONTI, G. La escuela en la encrucijada del cambio epocal. *Educação & Sociedade*. Campinas: Cedes, v. 26, n. 92, out. 2005.

TORRES, C. *Educação, poder e biografia pessoal*: diálogos com educadores críticos. Porto Alegre: Artmed, 2000.

VIÑAO, Antonio. *Sistemas educativos, culturas escolares y reformas*: continuidades y rupturas. Madri: Morata, 2006.

DESAFIOS DA REFLEXÃO SOCIOLÓGICA PARA ANÁLISE DO ENSINO MÉDIO NO BRASIL*

Marilia Pontes Sposito
Raquel Souza

O ensino médio se constitui em uma etapa da educação básica brasileira que tem mobilizado controversos debates em torno de questões como os persistentes problemas de acesso, a ausência de qualidade, a falta de sentidos e objetivos claros, o aparente descompasso entre suas práticas e os interesses de seu público, formado principalmente por jovens (Krawczyk, 2009 e 2011). Mais recentemente, tal debate tem sido impulsionado pela queda no número de matrículas dos estudantes nesse nível de ensino, o que tem causado perplexidade nos meios acadêmicos e governamentais e levado muitos atores envolvidos na discussão, especialmente os meios de comunicação, a atribuir à atual conjuntura um caráter de "crise", "apagão" ou "falência".

---

* Nossos agradecimentos a Bruna Gisi Martins de Almeida, Luiz Carlos de Souza, Rogério Jerônimo Barbosa e Ocimar Alavarse pelo apoio na produção de tabelas e gráficos.

De fato, nos últimos 20 anos, a trajetória das matrículas delineiam dois momentos do ensino médio no país. Um primeiro tem como marco o período compreendido entre 1991 e 2004, quando se registrou um incremento significativo do alunado. Em 1991, existiam pouco mais de 3,7 milhões de estudantes no ensino médio, já em 1999, este número saltou para 7,7 milhões, e em 2004, o país alcançou a marca histórica de 9,1 milhões de estudantes. Esse crescimento conformou uma mudança substantiva nas escolas de nível médio, principalmente nas instituições públicas, para onde se dirigiram moças e rapazes das camadas populares, oriundos de famílias com pouca ou nenhuma escolaridade e com experiências socioculturais diversas (Corti e Souza, 2004).

A partir da segunda metade dos anos 2000, os dados do Censo Escolar passam a indicar estagnação e queda do alunado. Somente em 2005, foi registrada uma redução de 138 mil matrículas, impulsionada pela diminuição de inscritos nas regiões Sul e, sobretudo, Sudeste, e entre os anos de 2006 e 2007, a queda foi mais significativa e mobilizada também pelo movimento decrescente registrado no Nordeste. O ano de 2008, por sua vez, passou a registrar uma retomada do crescimento da matrícula, mas num ritmo bem menos intenso do que o registrado nos anos anteriores.[1]

Não há dúvidas de que a redução das matrículas nos últimos anos é uma realidade que suscita preocupações, especialmente num país em que a média de anos de estudo da população ainda é significativamente baixa (7,3 anos), inclusive para os segmentos juvenis, que foram mais beneficiados pelas políticas educacionais voltadas à ampliação do acesso à educação básica — 7,5 anos, para a população com idade entre 15 e 17 anos; 9,1 anos para a de 18 e 19 anos; 9,8 anos para a de 20 e 24 anos; 9,7 anos para a de 25 e 29 anos (PNAD, 2011).[2]

---

1. No momento em que este capítulo era produzido, o Inep/MEC divulgou os dados do Censo Escolar 2012, em que foram contabilizadas 8.376.852 matrículas no ensino médio. Isso significa uma redução de mais de 23 mil inscritos nesse nível de ensino, se comparados os dados de 2011.

2. É preciso assinalar que a média de anos de estudo da população brasileira com 15 anos ou mais vem se ampliando nos últimos 20 anos. A esse respeito consultar IPEA (2010).

SOCIOLOGIA DO ENSINO MÉDIO

TABELA 1
Evolução das matrículas de ensino médio (1991-2011)

Ano	Matrículas	Variação anual (%)
1991	3.772.698	0,0
1992	4.104.643	8,1
1993	4.478.631	8,4
1994	4.932.552	9,2
1995	5.374.831	8,2
1996	5.739.077	6,3
1997	6.405.057	10,4
1998	6.968.531	8,1
1999	7.769.199	10,3
2000	8.192.948	5,2
2001	8.398.008	2,5
2002	8.710.584	3,6
2003	9.072.942	4,0
2004	9.169.357	1,1
2005	9.031.302	−1,5
2006	8.906.820	−1,4
2007	8.264.816	−7,8
2008	8.272.159	0,1
2009	8.337.160	0,8
2010	8.357.675	0,2
2011	8.400.689	0,5

Fonte: Inep/MEC.

A expansão do ensino médio levou um público novo para os bancos escolares, público este historicamente alijado do acesso a trajetórias mais longilíneas de escolarização, mas está longe de se conformar como uma etapa universalizada, conforme determina nossa legislação educacional (Lei n. 9.394/1996; Lei n. 12.061/2009). Novos sujeitos acessaram a escola de nível médio, mas um contingente significativo da população está fora dela, ou porque simplesmente se encontra excluído do sistema educacional ou porque ainda frequenta a etapa que precede a escola média (o ensino fundamental).

GRÁFICO 1
Evolução das taxas de frequência bruta e líquida à escola para a faixa etária de 15 a 17 anos

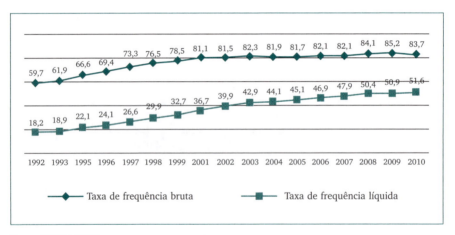

Fonte: PNAD/IBGE.

Em 2011, dos 10,3 milhões de jovens com idade entre 15 e 17 anos, 1,5 milhão não frequentavam a escola (14,8%). Entre os estudantes, apenas 51,6% estavam no ensino médio. Além disso, depois de mais de 10 anos de progressiva incorporação de jovens desta faixa etária à educação escolar, tem-se acompanhado nos últimos anos cer-

SOCIOLOGIA DO ENSINO MÉDIO

ta estagnação neste movimento, com taxas de frequência brutas[3] que oscilam entre 81,9% (2004) e 83,7% (2011).

Mesmo reconhecendo os percalços enfrentados pelo ensino médio brasileiro, sua realidade não pode ser compreendida exclusivamente a partir de seus problemas e possíveis retrocessos. Corbucci (2009), ao desagregar dados do Censo Escolar, busca evidenciar como a inflexão das matrículas nesse nível de ensino resulta de um cenário mais multideterminado, que articula tanto dificuldades quanto avanços dos últimos anos.

De um lado, o referido autor considera que a redução das matrículas pode estar relacionada à persistência de problemas de fluxo e progressão dos estudantes no ensino fundamental, tendo em vista que a inflexão no número de inscritos é mais pronunciada no primeiro ano de ensino médio. Ou seja, a demanda por matrículas na última etapa da educação básica está relacionada a impasses na etapa que a precede. Ao mesmo tempo, acredita ser necessário reconhecer a existência de um progressivo aumento de jovens com idade entre 15 e 17 anos no ensino médio — percebido a partir da taxa líquida de escolarização —, o que indica avanços na progressão dos estudantes com trajetórias escolares menos marcadas pela reprovação e evasão (questão que será retomada neste capítulo). Esta última realidade também seria, segundo seu argumento, responsável pela diminuição da estada de moças e rapazes na escola.

No mesmo sentido, Neri (2012), a partir de dados da PNAD 2011, argumenta que a redução/estagnação da frequência escolar da população jovem com idade entre 15 e 17 anos pode ser parcialmente explicada por um percentual de moças e rapazes que já concluiu a educação básica e que, neste momento, aguarda "o próximo passo". Certamente há outras questões a serem problematizadas, como o aumento de matrículas no ensino médio na Educação de Jovens e Adultos (EJA), os itinerários de jovens da faixa etária

---

3. Percentual de jovens com idade entre 15 e 17 anos que frequenta a escola independentemente do nível de ensino.

de 18 a 29 anos que não concluíram a educação básica, os distintos estágios de desenvolvimento regionais, as desigualdades que limitam as condições de acesso e permanência de certos grupos na educação básica, entre outras.

Mas o que parece importante evidenciar é que o atual cenário do ensino médio brasileiro é mais complexo e nuançado. Uma hipótese, a se confirmar com estudos quantitativos e qualitativos, é a de que neste momento histórico gestores governamentais, escolas e a sociedade brasileira como um todo deparam-se com um fenômeno distinto daquele observado nas décadas de 1980 e, principalmente nos anos de 1990, quando uma enorme demanda reprimida encheu os bancos escolares da educação básica, inclusive do ensino médio brasileiro.

Assim, é importante reiterar que o debate em torno das mudanças recentes observadas no ensino médio tem sido desafiador e exige cada vez mais dos atores envolvidos a sua capacidade de análise e compreensão, em particular quando esse nível da escolaridade é identificado como a "última etapa da educação básica" (Beisiegel, 2006).

A análise sociológica que se estabeleceu no Brasil a partir dos anos 1950, sobretudo com Florestan Fernandes — a denominada Escola Paulista de Sociologia[4] — e seus sucessores pode contribuir para um desenho mais abrangente dessas mudanças com significativas implicações para o pensamento sociológico sobre educação (Sposito, 2011).

Inicialmente, Florestan empreende o estudo da própria noção de mudança social, tendo por cenário as mudanças observadas na sociedade brasileira após os anos 30 com a urbanização e a industrialização. No prefácio à edição de 1974, Florestan trata com clareza a orientação sociológica assumida ao vincular a discussão da mudança social a uma perspectiva sócio-histórica que levasse em conta as singularidades dos modos de desenvolvimento do capitalismo em sociedades dependentes

---

4. De acordo com José de Souza Martins, o próprio Florestan discordava dessa designação, no entanto sua atuação, obra e liderança acadêmica a justificariam plenamente (Martins, 1998, p. 17).

SOCIOLOGIA DO ENSINO MÉDIO

e, também, a efetiva incursão sobre os fenômenos de poder, "pois o controle da mudança sempre aparece como fenômeno político" (Fernandes, 1974, p. 49).

É nesse quadro maior que as alterações educativas são equacionadas nas análises de Celso Beisiegel. Em trabalho sobre a educação de adultos no Brasil, este autor observa duas diferentes modalidades de ação do Estado frente à oferta dos serviços educativos (Beisiegel, 2004).[5] A primeira modalidade aparece como aquela decorrente da ampliação da oferta das oportunidades de acesso à educação pública a partir de demandas advindas da população. O processo de expansão das oportunidades de acesso ao antigo ensino secundário (o denominado ginásio) no estado de São Paulo, nível de ensino destinado à formação das elites, ilustra essa modalidade de atuação pública. A segunda assume um caráter antecipador, quando o Estado, a partir de premissas políticas que podem ser de natureza diversa, anuncia a oferta dos serviços educativos antes que os eventuais destinatários imprimam suas expectativas na esfera pública. Este foi o caso do acesso ao ensino elementar ainda no século XIX e a educação de jovens e adultos, pois, ao assumir os princípios do liberalismo, a primeira Constituição do Império implicou a adoção de ideias que defendiam a extensão dos direitos da educação elementar a todos embora ainda não partisse desses segmentos iniciativas ou pressões que viessem a assegurar a realização efetiva desses direitos.

Ainda de acordo com Beisiegel, é preciso apontar no interior da primeira modalidade típica de ação que, ao reconhecer a pressão da demanda como legítima não importando os motivos do agente político que assegura essa expansão,[6] a seguir é postulado o atendimento de todos e é a administração pública que "elabora instrumentos de estimação antecipada das dimensões da procura e que se encarrega de atuar no sentido da criação das condições materiais e funcionais necessárias ao atendimento de todos os candidatos" (Beisiegel, 2004, p. 39).

---

5. O autor trata essas modalidades na tradição weberiana dos tipos ideais.

6. A esse respeito consultar Beisiegel (1964); Sposito (2002) e Sposito (2010).

Após a pressão para a expansão do antigo curso ginasial e a sua incorporação inicialmente na escola de primeiro grau (1971) ou no ensino fundamental (1996), as pressões para a expansão do ensino médio regular (o antigo ensino de segundo grau) começam a ser observadas. Sobre esse aspecto, Juan Carlos Tedesco já apontava em artigo de 1985 os denominados processos de "fuga hacia adelante" (fuga para diante). Apoiando-se nas análises de Jean-Claude Passeron (1972), Tedesco mostra que esses processos dizem despeito às dinâmicas do acesso: "Quando um nível se generaliza, a diferenciação se desloca para o nível seguinte" (Tedesco, 1983, p. 39). No entanto, mesmo reconhecendo que as desigualdades sociais persistentes, na acepção de Charles Tilly (2000), incidem sobre os fenômenos educacionais, é preciso considerar que o ponto de partida não é o mesmo, ou seja, a hipótese da "fuga hacia adelante" não pode subestimar o fato de que "não é o mesmo diferenciar a partir de uma população universalmente analfabeta do que a partir de uma população universalmente dotada de dez anos de escolaridade" (Tedesco, 1983, p. 39).

No caso do acesso ao ensino médio, inicialmente ainda nos anos 1980 em centros urbanos como São Paulo, verifica-se a incipiente demanda pela continuidade dos estudos de jovens que haviam conseguido concluir o ensino fundamental.

Podemos imaginar um processo endógeno ao sistema de ensino, pois reiteraria as ideias neste momento apresentadas. Satisfeitas as necessidades de acesso a determinados níveis de escolaridade, as expectativas se dirigem aos níveis imediatamente superiores. No caso do ensino médio público, os denominados "vestibulinhos" para o ingresso reiteraram a partir do final dos anos 1970 os mesmos processos seletivos e excludentes observados décadas anteriores com os exames de admissão. Tais mecanismos marcavam a insatisfação dos segmentos mais pauperizados dos centros urbanos e, algumas vezes, provocaram a organização dessas demandas em movimentos de origem territorial como é o caso, em São Paulo, do Movimento da Educação da Zona Leste que lutou pela expansão das escolas de nível médio na região no início dos anos 1980 (Sposito, 2010). No entanto, a maior pressão para o acesso ao antigo colegial derivou, sobretudo, de expectativas gestadas no interior do prolongamento da escolaridade, sem necessariamente constituir motivo para a ação coletiva organizada. A insatisfação diante da escassez da oferta e dos mecanismos seletivos então propostos dava visibilidade aos novos anseios que se traduziam no clima de insatisfação difusa diante da oferta pública.

Na base dessas expectativas populares que demandavam prolongamento das trajetórias educativas de jovens estavam também contempladas motivações de mobilidade social originadas nas famílias, muitas vezes, constituídas por pais migrantes com baixa escolaridade.

Os movimentos que incidem sobre a expansão do que hoje consideramos a educação básica inicialmente se alicerçaram no desejo de mobilidade social ascendente, aos poucos diluído pela crise dos anos 1980 e 1990, que redundaram na busca da escola como um fator que, embora não a assegurasse, permitiria, ao menos, certa estabilidade nos padrões de consumo e de sobrevivência, a denominada tese do "mal necessário", mas insuficiente para assegurar a melhoria de vida.

Desse modo, verifica-se que o eventual crescimento das matrículas do ensino médio também ocorreu em conjunturas não marcadas pelo crescimento econômico, com índices significativos de desemprego, sobretudo entre os mais jovens. Se esse quadro não afastou totalmente os segmentos juvenis da escola, certamente ele interferiu no modo como esse público se relacionou com a instituição educativa nas últimas décadas.

Mas é preciso considerar que algumas mudanças mais amplas podem ser observadas na última década, ou seja, a partir do início do século XXI, embora a profundidade, a direção e a sua qualidade sejam ainda objeto de intensa controvérsia. Maiores possibilidades de consumo e melhoria da renda de segmentos significativos da população brasileira, ao lado da facilidade de crédito, programas sociais e índice de desemprego decrescentes, certamente redefinem o quadro de expectativas populares para as demandas em relação à escolaridade. A polêmica gestada em torno do aparecimento de uma nova classe média (Pochmann, 2012; Souza, 2010; Neri, 2010; Souza e Lamounier, 2010) não obscurece o fato de que, qualquer que seja a resposta encontrada que confirme sua emergência ou simplesmente ateste o alargamento da classe trabalhadora, o acesso aos níveis mais elevados da educação constitui demandas mais ou menos organizadas no âmbito da sociedade brasileira atual.

Novamente a possibilidade de mobilidade social ascendente e o seu desejo aparecem fortemente vinculados ao aumento da escolaridade, mas nestes últimos anos é o acesso ao ensino superior que entra em questão.

Observa-se, assim, um conjunto significativo de pressões e demandas, mais ou menos articuladas, que focalizam o ensino superior. As respostas apresentadas (as políticas de ação afirmativa, expansão das vagas públicas, bolsas de estudo etc.), de natureza diversa, buscam assegurar que parte dessas pressões seja atendida — de modo desigual certamente —, apresentando no horizonte a ideia de uma justiça redistributiva e uma efetiva realização de direitos aos tradicionalmente excluídos dos benefícios de trajetórias escolares mais longas. As implicações dessas novas demandas não são desprezíveis, uma vez que, se podem vir a constituir projetos futuros para os jovens das camadas populares, elas não encobrem a falta de sentido para os momentos anteriores constituídos, sobretudo, pela etapa final da educação básica, o ensino médio.

Esse quadro ampliado de demandas encontra desafios importantes, pois a simples assunção da premissa de que o ensino médio deve ser destinado a todos, aparecendo como um direito educativo, torna os impasses em torno do tipo de ensino médio a ser oferecido e sua identidade um foco importante de conflito e de disputas públicas em torno dos melhores caminhos. Ao que tudo indica as reformas educativas estão atrasadas, ou no mínimo descompassadas, em relação ao ritmo das demandas[7] e do novo público que conquista o prolongamento da escolaridade sem a resposta adequada a essa conquista.

---

7. Não é demais reiterar que ainda são importantes as demandas do acesso diante das distorções idade/série e do conjunto expressivo de jovens que ainda não conseguem ter acesso ao ensino médio.

Os novos alunos do ensino médio

A análise sociológica da educação já reiterou, em outros momentos históricos, que a denominada qualidade do ensino destinado à população não pode ser transformada em questão meramente técnica ou pedagógica. Os fundamentos da qualidade do ensino são, sobretudo, ético-políticos e devem ser definidos a partir de, pelo menos, duas premissas: a qualidade da escola se define, sobretudo, pela sua capacidade de absorver e de manter o maior contingente possível de jovens que possam cultivar uma relação significativa com a instituição educativa. Dito de outra forma, um sistema de ensino público jamais será de boa qualidade se alijar do seu interior, por meio de procedimentos explícitos ou implícitos, parcela ou maioria dos seus usuários (Beisiegel, 2006). Assim, qualidade e democratização da escola constituem aspectos indissociáveis e vinculados, como reitera José Sérgio Carvalho ao referir-se aos importantes estudos de Celso Beisiegel (Carvalho, 2009). Se as desigualdades sociais não podem ser totalmente rompidas no interior dos sistemas educativos, elas podem e devem ser amenizadas. A segunda premissa incorpora o fato de que, ao mudar tendencialmente para uma escola de massas destinada à maioria, o conhecimento desses novos públicos se torna elemento essencial para assegurar a qualidade e o sucesso do empreendimento educativo.

O discurso corrente, sem adentrarmos no interior das propostas pedagógicas, afirma que o ensino médio deve ser formativo, ou seja, adquirir identidade própria, mas também deverá criar efetivas condições de acesso ao ensino superior e, tanto no curto ou longo prazo, preparar para a experiência do mundo do trabalho. Nesse triângulo de orientações as desigualdades sociais se articulam, não pela exclusão de um de seus vértices, mas pela ênfase em cada um deles. Os colégios destinados às elites, sobretudo privados, apostam na busca efetiva de condições de acesso ao ensino superior dos alunos, constituindo essas condições também um elemento formativo. O polo mais fraco — o mundo do trabalho — pode ser adiado, uma vez que a inserção desse jovem não será imediata e em geral é postergada para após a conclusão do ensino superior. Para o outro conjunto majoritário de jovens, a simples ênfase em um dos polos poderá aprofundar as desigualdades, e a sua articulação efetiva tem constituído um jogo de equilíbrio difícil, uma vez que as respostas tendem a desconhecer, de fato, as demandas presentes nos modos de vida desses segmentos.

Jovens e trabalho no Brasil

Escola e trabalho ao longo das cinco últimas décadas foram variáveis que sempre se articularam a partir do antigo curso ginasial — hoje Fundamental II — e se exprimiram na expansão dos cursos noturnos e na figura emblemática do trabalhador-estudante.

Em estudo realizado nos anos 1980, Felícia Madeira já apontava que o processo de expansão do ensino, a despeito das previsões contrárias, não havia retirado o jovem do mercado de trabalho. Mais ainda, considerava a autora, a busca de trabalho realizada pelos jovens não poderia simplesmente ser derivada das condições precárias de vida, uma vez que essa atividade preenchia, também, demandas originadas dos próprios jovens que aspiravam a melhores condições de consumo de bens materiais e simbólicos que caracterizariam a cultura jovem.

Do mesmo modo, o abandono da escola em razão do trabalho deveria ser mais bem investigado, pois mais do que uma exclusão definitiva ocorria aquilo que ela denominava "escolaridade intermitente", ou seja, movimentos de entrada e saída ao longo do ano letivo. Muitos estudos realizados nos anos 1980 e 1990 evidenciavam o abandono da escola por parte dos jovens não em razão direta dos impedimentos advindos do mundo do trabalho, mas de fatores intra-escolares que facilitavam esse abandono: o desinteresse, o sistema de avaliação, as formas dominantes de ensino, a falta de sentido para o aprendizado dos saberes escolares. Em recente artigo, Mariano Enguita (2011) exibe com precisão a falsa dicotomia presente nos discursos sobre o abandono escolar e desmobilização dos estudantes, que ora tendem a atribuir seus determinantes a fatores externos, ora tendem a atribuir maior peso a fatores intrínsecos à escola. Os dois processos

SOCIOLOGIA DO ENSINO MÉDIO

são simultâneos e combinados. Apoiando-se nos estudos sobre migração de Everett Lee (1966), Enguita considera que a "desescolarização" pode ser observada como uma forma de migração, "da escola para o trabalho, e como todas as migrações tem duas caras: *push and pull*, o que expulsa do lugar de origem e o que atrai ao lugar de destino" (id., ibid., p. 737).

As dimensões intraescolares ganham maior vulto para a análise sobre o ensino médio quando consideradas as mudanças recentes no corpo discente das escolas, cada vez mais caracterizadas pela presença de adolescentes. Isso porque o processo tardio de expansão da educação básica, os problemas relacionados ao fluxo escolar no ensino fundamental e os limites da população jovem em prosseguir com os estudos ajudaram a conformar um ensino médio constituído majoritariamente por estudantes de uma faixa etária mais elevada do que aquela considerada ideal para sua frequência. Em 1991, menos da metade das matrículas do ensino médio (43,1%) eram de jovens com idade entre 15 e 17 anos, sendo este percentual mais baixo nas regiões Norte (29,9%) e Nordeste (30,2%), cuja rede educacional até hoje apresenta situações mais fragilizadas de desenvolvimento. A participação relativa das matrículas realizadas por indivíduos desta faixa etária não sofreu alterações significativas entre 1991 e 1999.

No entanto, já em 2004, os jovens com idade entre 15 e 17 anos perfaziam 50,8% dos 9,1 milhões de inscritos no nível de ensino; em 2009, esse percentual foi de 62,1%; e em 2011, os jovens desta faixa etária compunham 64,9% do alunado do ensino médio. Sem desconsiderar a peso relativo dos estudantes de faixa etária mais elevada, parece-nos que este movimento indica um processo de rejuvenescimento do alunado do ensino médio, com a maior presença na escola de adolescentes com trajetórias escolares menos marcadas por experiências com a repetência e a evasão.[8]

---

8. Os dados do Censo Escolar 2012 corroboram nossa argumentação, indicando um aumento da presença de jovens com idade entre 15 e 17 anos no ensino médio, visto que, no referido ano, as matrículas deste grupo etário representou 66,3% dos inscritos na última etapa da educação básica.

TABELA 2

População de 15 a 17 anos, distribuição de matrículas no ensino médio regular (1991-2011)

Ano	Pop. de 15 a 17 anos	Total de matrículas no Ensino Médio	Matrícula de estudantes com 15 a 17 anos	% de matrícula de estudantes de 15 a 17 anos	Matrícula de estudantes com mais de 17 anos	% de matrícula de estudantes com mais de 17 anos
1991	9.275.706	3.772.698	1.625.570	43,1	2.017.289	53,5
1994	...	4.932.552	2.157.663	43,7	2.608.007	52,9
1995	10.163.417	5.374.831	2.388.403	44,4	2.804.251	52,2
1996	10.349.696	5.739.077	2.525.326	44,0	3.114.335	54,3
1998	10.130.470	6.968.531	3.120.185	44,8	3.751.972	53,8
1999	10.395.438	7.769.199	3.388.913	43,6	4.290.083	55,2
2000	10.702.499	8.192.948	3.565.240	43,5	4.561.998	55,7
2001	10.308.707	8.398.008	3.817.382	45,5	4.515.144	53,8
2002	10.357.443	8.710.584	4.161.691	47,8	4.477.850	51,4
2003	10.481.393	9.072.972	4.470.266	49,3	4.529.516	49,9
2004	10.742.044	9.169.357	4.660.419	50,8	4.444.228	48,5
2005	10.646.814	9.301.302	4.687.574	50,4	4.261.841	45,8
2006	10.424.755	8.906.820	4.723.399	53,0	4.093.549	46,0
2007	10.262.468	8.369.369	4.539.022	54,2	3.643.528	43,5
2008	10.289.624	8.272.159	5.222.019	63,1	2.956.670	35,7
2009	—	8.337.160	5.175.582	62,1	3.010.504	36,1
2010	—	8.357.675	5.279.982	63,2	2.981.554	35,7
2011	10.408.038	8.400.689	5.451.377	64,9	2.857.675	34,0

Fonte: PNAD/IBGE e Inep/MEC.
Nota: A tabela desconsidera matrículas de estudantes com menos de 15 anos.

SOCIOLOGIA DO ENSINO MÉDIO

Este fenômeno, que pode decorrer tanto de políticas de correção de fluxo no ensino fundamental quanto da migração de estudantes com idades mais avançadas para a Educação de Jovens e Adultos (EJA), traz desafios significativos para o ensino médio regular, tendo em vista que as próprias finalidades e propósitos deste nível de ensino — formar para a cidadania, criar condições de acesso ao ensino superior e preparar para a experiência do mundo do trabalho — ganham dimensões muito distintas segundo as experiências e expectativas dos indivíduos desta faixa etária, ou seja, daqueles que vivem os primeiros momentos da juventude. Por outro lado, seria importante reter, para fins de novas investigações, a invisibilidade crescente de um segmento de jovens, mesmo que em termos numéricos decrescentes, que conclui o ensino fundamental, mas ainda não tem acesso ao ensino médio ou não permanece nesse rejuvenescido nível de ensino.[9] O obscurecimento desse contingente é acentuado pela ausência de alternativas plurais de escolaridade no sistema público para o ensino médio (Carrano e Falcão, 2011) e pela estreita capacidade de absorção e resposta adequada no âmbito da Educação de Jovens e Adultos, cuja oferta não pode estar limitada a programas especiais.

De toda forma, mesmo a articulação entre educação e trabalho na experiência desta população carece de melhor problematização. Não há dúvidas de que a juventude brasileira é uma juventude trabalhadora. Dados da PNAD 2011 indicam que mais de 22,7 milhões de adolescentes e jovens com idade entre 15 e 24 anos trabalhavam, procuravam por trabalho ou desempenhavam atividades domésticas (conciliando ou não os estudos), o que corresponde a 68,8% dos indivíduos desta faixa etária. Todavia, a taxa de participação desta população difere sensivelmente quando consideradas as diferentes faixas etárias: dos indivíduos com idade entre 15 e 17 anos, 36,5% trabalhavam ou procuravam trabalho ativamente (conciliando ou não a frequência à escola), ao passo que, entre os de 18 a 24 anos, esse percentual era de 83,9%.

---

9. A esse respeito, Dayrell et al. (2009) chama a atenção para a ausência de estudos, preocupados com a presença e adensamento da participação dos jovens nas políticas e salas de EJA.

TABELA 3

Distribuição dos jovens de 15 a 24 anos, segundo faixa etária e situação do trabalho, estudo e procura de trabalho — Brasil (2001-2011)

Faixa etária, situação de trabalho, estudo e procura de trabalho		2001		2011	
De 15 a 17 anos	Só estuda	5.357.333	51,5	6.389.183	60,4
	Estuda e trabalha	2.391.636	23,0	1.878.649	17,8
	Estuda e procura emprego	688.729	6,6	590.053	5,6
	Só trabalha	891.725	8,6	678.750	6,4
	Não estuda e procura trabalho	211.708	2,0	167.907	1,6
	Apenas cuida dos afazeres domésticos	633.213	6,1	550.488	5,2
	Não estuda, não trabalha e não cuida dos afazeres domésticos	233.694	2,2	325.030	3,1
	Total	10.408.038	100,0	10.580.060	100,0
De 18 a 24 anos	Só estuda	2.923.523	12,6	2.616.932	11,6
	Estuda e trabalha	3.895.582	16,8	3.251.672	14,5
	Estuda e procura trabalho	1.051.532	4,5	625.858	2,8
	Só trabalha	9.863.849	42,6	10.751.390	47,8
	Não estuda e procura trabalho	1.761.052	7,6	1.617.744	7,2
	Apenas cuida dos afazeres domésticos	3.040.285	13,1	2.631.657	11,7
	Não estuda, não trabalha e não cuida dos afazeres domésticos	622.234	2,7	1.002.200	4,5
	Total	23.158.057	100,0	22.497.453	100,0

Fonte: PNAD/IBGE.

SOCIOLOGIA DO ENSINO MÉDIO

Confrontados com os indicadores de dez anos atrás, os dados da PNAD corroboram análises mais contemporâneas que indicam um progressivo afastamento dos adolescentes da condição trabalhadora, quando comparados a seus contemporâneos mais velhos e às outras gerações de adolescentes. Ainda que um percentual significativo de moças e rapazes mais novos permaneça integrando a população economicamente ativa, e que, em geral, os jovens de renda mais baixa ingressem mais cedo na vida produtiva, a taxa de participação desta população no mercado de trabalho tem apontado uma tendência à diminuição. Em 2001, o percentual de adolescentes brasileiros que se dedicavam exclusivamente aos estudos correspondia a 51,5% da população, e em 2011 os índices nacionais atingiram 60,4%. E a condição estudantil da população com idade entre 15 a 17 anos ganha maior relevo nas regiões metropolitanas do país, onde os índices de moças e rapazes desta faixa etária que se dedicam exclusivamente aos estudos são maiores do que a média nacional.[10]

Em contrapartida, entre os segmentos de jovens com idade entre 18 e 24 anos, o percentual que se dedica exclusivamente aos estudos manteve-se relativamente estável ao longo de uma década — 12,6%, em 2001, e 11,6%, em 2011 —, para os quais a busca ou inserção no mundo do trabalho parece ter maior proeminência do que a permanência no sistema educativo. Decorrem desse quadro novos desafios para a compreensão, pois se a maioria dos alunos matriculados nos anos finais da educação básica, em décadas anteriores, podia ser caracterizada a partir da condição de trabalhador-estudante, hoje as mudanças indicam que, sobretudo no ensino médio regular, observa-se a presença do estudante que será em breve um trabalhador e, no médio prazo, um trabalhador-estudante se houver continuidade da trajetória escolar.

Ainda que este movimento guarde significativas distinções se consideradas dimensões como classe social, raça/cor, sexo, situação

---

10. Por exemplo, em 2011, 80,3% da população com idade entre 15 e 17 anos da Região Metropolitana (RM) do Rio de Janeiro dedicava-se exclusivamente aos estudos. Na RM de Belém esse percentual era de 77,3%, na RM de Recife 74,8%. Os menores percentuais foram curiosamente registrados na RM de Curitiba, com 52,3% (PNAD, 2011).

de moradia (urbana ou rural/centro ou periferia), essa nova configuração pode ser avaliada como positiva, pois aponta para a maior permanência dos jovens na escola e a diminuição da incidência do trabalho de crianças e adolescentes no país (Corrochano et al., 2008; Hasenbalg, 2003).

Reiteramos: trata-se de uma realidade multifacetada e desigual, que diz respeito a uma parcela que tende a crescer no interior da população do ensino médio. Mas estes dados apontam uma tendência importante tanto para a análise sobre a articulação entre educação e trabalho na vida dos estudantes, quanto para a compreensão das questões que levam ao problemático e persistente desengajamento desta população à escola, mesmo quando o trabalho parece se constituir numa experiência menos imediata e presente em suas trajetórias.

Outras dimensões a serem consideradas dizem respeito aos efeitos das transformações econômicas mais recentes na condição de inserção e permanência dos jovens no mundo do trabalho. Tratemos da questão do desemprego, uma vez que uma vasta literatura dos anos 1990 e início dos anos 2000 identificou, a partir de diagnósticos precisos, a extrema fragilidade desta população à crise econômica e desestruturação do mercado de trabalho (Tokman, Corrochano e Gouvêa, 2003; Pochmann, 2001; Mattoso, 1999).

Considerando informações de sete regiões metropolitanas e do Distrito Federal, estudo empreendido pelo Dieese (2012) sobre toda a primeira década dos anos 2000 aponta que se, de um lado, a incidência do desemprego entre os jovens continua a ser maior do que na população como um todo, principalmente em certas regiões brasileiras e para as jovens mulheres, de outro, as taxas de desemprego foram reduzidas para este grupo da população em quase todas as regiões brasileiras. Assim, o estudo conclui que se as crises atingiram mais fortemente os jovens, este grupo também está sensível às fases de melhoria do mercado de trabalho.[11] O alcance dessas alterações e sua durabilidade

---

11. Não há dúvidas de que as taxas de desemprego juvenil ainda são sensíveis em nosso país. Todavia, é preciso reconhecer a singularidade da atual conjuntura econômica e a situação brasileira nela. De um lado, entre os anos de 2005 e 2011, constatamos a

ainda são objeto de controvérsias, mas é preciso estar atento sob o ponto de vista da investigação e da análise que deve incidir sobre as novas desigualdades que se instalam nesse novo panorama.

É preciso chamar atenção para o fato de que as mudanças no mundo do trabalho não fazem dele um tema subjetivamente periférico para esta população. É muito provável que trabalho e, possivelmente o medo de sua ausência, continue a se constituir num elemento importante para organizar o imaginário deste segmento juvenil (Corrochano, 2012; Guimarães, 2005), visto que "se virar" para conseguir um emprego, seja ainda na condição de estudante ou uma vez findada a frequência à escola, pode se tornar uma tarefa angustiante, sobretudo, numa sociedade como a brasileira em que as trajetórias ocupacionais nunca foram reguladas a partir de mecanismos socialmente institucionalizados e onde, cada vez mais, os indivíduos carregam o fardo de gerenciar de modo solitário seus próprios percursos (Guimarães, 2006).

Tampouco a postergação da inserção na vida produtiva elimina as desigualdades entre os jovens. Como afirma Corrochano (2011), a partir dos 18 anos, a diferença principal entre moças e rapazes de diferentes classes sociais não está na disposição para o trabalho, mas nas chances de encontrá-lo e nas condições em que ele se exerce (formalização/registro, diferenciais de salário, benefícios e direitos trabalhistas, carga horária, exposição a riscos à saúde e integridade física, entre outros aspectos). Assim, se um traço das desigualdades juvenis no mundo do trabalho observados ao longo das últimas décadas diz respeito à inserção precoce da população mais pobre, a aproximação dos calendários de jovens de diferentes classes sociais põe em evidência outras formas de precarização e diferenciação, relacionadas aos suportes e apoios para encontrar e experimentar um "bom" trabalho, ou na acepção da Organização Internacional do Trabalho, um trabalho decente (OIT, 2009).

---

redução das taxas de desemprego juvenil de 24,7% para 13,7%. De outro, frente à crise econômica internacional, os percentuais de desemprego juvenil estão sensivelmente menores do que aqueles verificados em países que compõem a União Europeia (22,6%), particularmente Grécia (54,2%), Espanha (52,4%) e Portugal (38,7%) (OIT, 2013).

TABELA 4

Número de matrículas no ensino médio por turno, segundo região geográfica e percentual de matrículas no noturno

Unidade da Federação	1991			2001			2011		
	Total	Noturno		Total	Noturno		Total	Noturno	
		Total	(%)		Total	(%)		Total	(%)
Brasil	3.772.698	2.200.522	58,3	8.398.008	4.304.635	51,3	8.400.689	2.747.894	32,7
Norte	202.544	126.143	62,3	621.095	358.098	57,7	754.617	270.686	35,9
Nordeste	833.477	463.837	55,7	2.114.290	1.112.673	52,6	2.401.382	793.246	33,0
Sudeste	1.894.293	1.130.381	59,7	3.874.218	1.981.465	51,1	3.479.392	1.148.999	33,0
Sul	581.678	321.494	55,3	1.201.306	567.581	47,2	1.137.262	355.081	31,2
Centro-Oeste	260.706	158.627	60,8	587.099	284.818	48,5	628.036	179.882	28,6

Fonte: Inep/MEC.

SOCIOLOGIA DO ENSINO MÉDIO

Por último, parece contribuir para pensarmos num novo perfil de estudantes do ensino médio a distribuição das matrículas no segundo turno. Em 1991, as matrículas do ensino médio noturno compreendiam mais da metade das inscrições deste nível de ensino, sendo esse percentual mais elevado nas regiões Norte (62,3%) e Centro-Oeste (60,8%), bem como nas redes estaduais de ensino (65,4%), onde se encontrava a maioria dos estudantes (65,5%). Particularmente na última década, temos acompanhado uma diminuição gradual da participação deste turno nas matrículas, de modo que o Censo Escolar de 2011 computou pouco mais de 2,7 milhões de estudantes no noturno (32,7%). A redução ocorre em todas as unidades da federação e também nos sistemas públicos estaduais, onde as matrículas do ensino médio noturno corresponderam a 37,8% no último período de referência.

É evidente que essa tendência merece uma análise cuidadosa e seria um equívoco decretar um horizonte que acene para o fim da oferta de ensino médio noturno. Em primeiro lugar, não é desprezível que um terço dos estudantes vá à escola neste período; e, possivelmente, jovens hoje fora do sistema educacional, que estão ainda no ensino fundamental e/ou que articulam educação e trabalho em suas vidas, continuarão a demandar escola noturna. Em segundo, nos faltam pesquisas e análises mais aprofundadas sobre o fenômeno da "diurnização" do ensino médio. Uma das questões a serem averiguadas, por exemplo, diz respeito à relação entre demanda dos jovens e oferta do poder público por diferentes turnos. Essas duas questões indicam que este ainda é um tema que precisa ser aprofundado.

Jovens e escola: elementos de uma tensa equação

O debate em torno da instituição escolar tem ocupado a atenção do pensamento sociológico sobre a educação nos últimos 40 anos. Os estudos contribuíram tanto para a compreensão das desigualdades sociais, que afetam a real democratização dos sistemas educativos, quanto para a análise das múltiplas facetas das práticas escolares, que acentuam essas desigualdades, obscurecendo-as. Tais práticas em geral dão origem a enunciados mais ou menos consistentes sobre o fracasso e o abandono escolar que, em última instância, responsabilizam os usuários do sistema educativo e seu ambiente sociocultural, incluindo nesse caso a família, pelo seu péssimo rendimento.

Outra vertente importante das investigações, também em nível internacional, tem incidido sobre a ideia de forma escolar, proposta por Vincent, Lahire e Thin (2001). Ao historicizar os contornos pelos quais as sociedades modernas recriaram o modo da transmissão cultural mediante alguns traços básicos que continuam a ser reiterados ao longo dos últimos dois séculos, os autores também contribuem para o debate em torno da própria forma escolar e de seu transbordamento para outras modalidades do processo educativo, o que tem sido designado como escolarização do social. Ao mesmo tempo que se espraia para outros modos da transmissão cultural, ocorre, também, o possível descompasso da forma escolar diante da emergência e fortalecimento de novos meios da transmissão cultural que se efetuam na sociedade moderna, particularmente o poder das mídias escritas e visuais. De algum modo, como afirma Dussel (2009), a própria instituição escolar encontra-se sob assédio.

Mas ainda há carências de estudos que, centrados na experiência de jovens alunos, possam identificar como, de fato, esses novos nichos de influência constituem suas vidas ou são por eles constituídos. Se considerarmos que o discurso alarmista constrói certa visão catastrófica dessas mudanças, seria importante reter o que já foi discutido no início dos anos 1990, sobre os "alienígenas na sala de aula" diante do acesso dos jovens alunos às novas tecnologias (Green e Bigum, 1995) e, mais recentemente, pelas análises como as de Buckingham (2010), uma vez que um longo caminho de investigações ainda demanda ser trilhado. Não é menosprezível a retomada do "pânico moral", na acepção de Cohen (1972), quando se trata dos jovens na contemporaneidade. Como afirma Anne Barrère (2011, p. 9):

> a adolescência atual conhece transformações consideráveis, que se abrem sob os olhos de todos. Mas elas tornaram-se opacas à força de serem

olhadas pelo prisma deformante das preocupações adultas. Múltiplas reportagens fazem eco dessas inquietudes, onde o digital substitui a televisão ou a influência do rock e, mesmo, voltando mais atrás no tempo, o teatro popular, os *cabarets*, ou a literatura romântica, no que podemos qualificar de pânicos morais constantemente evolutivos.

Sua instigante pesquisa busca investigar o cotidiano de adolescentes estudantes do colégio (ensino fundamental II no Brasil) e do liceu (ensino médio), focalizando um de seus domínios em que vem à luz as inquietudes educativas: nem no interior do tempo escolar ou familiar, mas em uma esfera de autonomia juvenil que os próprios jovens protegem do olhar adulto. Como hipótese, a autora considera que não só essa esfera sofre transformações fundamentais (este é o ponto de maior consenso atual) como ela traz consigo, hoje mais do que nunca, "questões educacionais fundamentais":[12]

> Telefonar, escutar música, "teclar" e se comunicar virtualmente, surfar na internet, jogar de múltiplas maneiras, dançar, cantar, praticar esportes e muitas outras coisas, de maneira espontânea ou organizada, solitária ou em grupo, essas são as multiplas ocupações às quais se dedicam os adolescentes hoje, fora da escola e muito frequentemente do espaço familiar (Barrère, 2011, p. 11).[13]

Se essas mudanças constituem alguma singularidade na condição juvenil contemporânea, é preciso considerar que, na acepção de Alberto Melucci, os jovens são apenas pontas de iceberg de processos sociais mais amplos que afetam a própria condição humana. Poderíamos considerar que não são, de fato, questões juvenis, mas questões humanas experimentadas pelos jovens que se defrontam com elas de modo mais agudo, constituindo assim sua especificidade: no modo de lidar com essas questões e na intensidade com que elas se apresentam neste momento do ciclo de vida (Melucci, 1997).

---

12. No original: "des enjeux éducatifs fondamentaux".

13. Tradução realizada pelas autoras.

Essa observações procuram alertar para o fato de, não obstante a denominada diversidade entre os segmentos juvenis é preciso considerar a existência de processos transversais de natureza social que afetam todos os jovens, quer sejam ou não estudantes. Ou seja, reconhecer diversidades implica admitir as transversalidades que afetam a contemporaneidade, exemplificadas nas relações dos jovens atuais com os meios digitais, nas várias formas em que o desengajamento e a desmoblização diante da oferta escolar ocorrem (Enguita, 2011) e nas intrincadas relações que esses segmentos mantêm com o tempo enquanto construção social com fortes implicações para a vida escolar. Esta última questão tem sido explorada na dupla chave do resgate dos estudos de corte geracional (Weller, 2010; Feixa e Leccardi, 2010) que mostram as diferentes relações com o passado e com a herança cultural (Arendt, 1972) e, ao mesmo tempo enunciam modos diversos de relação com o futuro diante de transformações sociais mais amplas. Assim, Carmen Leccardi (2005) aponta como os projetos de futuro são tratados pelos jovens muito mais como futuro próximo do que construídos a partir de uma perspectiva de longo prazo. Essas transformações afetam as relações dos jovens com a escola, não só pelo lugar que ela ocupa na transmissão da herança cultural, analisada por Hannah Arendt, como também na formulação do que se pretende como projeto. Saber que a escola é importante para o futuro constitui um ponto de consenso entre os jovens, o que não retira o desinteresse, a ausência de motivação e a prevalência da obrigatoriedade rotineira do presente (Sposito, 2005). Algumas peculiaridades, como já foi observado afetam a sociedade brasileira nesse momento, pois a diminuição do desemprego, incluindo o juvenil, pode reforçar o quadro de expectativas de mobilidade via sistema escolar. No entanto,

> se o desejo de mobilidade social pode impulsionar os jovens para a busca da escolaridade como elemento de credenciamento para as disputas no mundo do trabalho, essa orientação não significa, necessariamente, adesão ao trabalho educativo e relações significativas com os saberes escolares, na acepção de Bernard Charlot (2001).

A diversidade e a transversalidades que afetam a experiência juvenil contemporânea e incidem sobre a relação desses segmentos com a instituição escolar não podem tornar invisíveis as desigualdades que asseguram modos diversos de enfrentamento, interação e eventual superação desse distanciamento ou resistência da juventude em relação às aprendizagens formais e às demais práticas escolares.

De início, a reiterada participação das famílias na busca de mecanismos de diferenciação, seja pela escolha de escolas, seja pelo conjunto das atividades extraescolares, não pode ser desconsiderada conforme já atestam as várias pesquisas desenvolvidas no Brasil voltadas para as denominadas classes médias e elites. Mesmo os jovens de elites ou de classes médias, que vivem o "absenteísmo interior" (Enguita, 2011) e resistem aos processos educativos, encontram nas disposições adquiridas na socialização familiar o material necessário para a continuidade dos estudos mediante recursos adicionais que são acionados pelas famílias, sejam pelas práticas de reforço escolar, mudança de colégio, incentivos paralelos, como viagens ao exterior, intercâmbios ou outras formas de recompensa.

Por outro lado, é evidente que algumas condições estruturais asseguradas aos colégios de segmentos privilegiados da sociedade, no caso brasileiro em geral situados em alguns estabelecimentos privados, de algum modo atenuam, mesmo que não consigam fazer desaparecer, esses descompassos: instalações materiais adequadas; corpo docente estável e qualificado mais bem remunerado; rotinas escolares claras sem absenteísmo de professores ou mesmo falta de quadros para preenchimento das disciplinas; regras mais estáveis de funcionamento de algum modo aplicadas ao conjunto da "comunidade educativa"; e, finalmente, uma busca nem sempre bem-sucedida mas presente, de pensar as relações dos jovens com os saberes escolares na chave das condições contemporâneas de acesso e apropriação da informação.

Nesse caso, as desigualdades sociais tendem a se multiplicar pela permanente dificuldade que os sistemas públicos apresentam, em sociedades como a brasileira, de constituir políticas educacionais estáveis e articuladas, capazes de assegurar ações integradas que não se resumam a mudanças pontuais em aspectos curriculares ou projetos especiais. Ao mesmo tempo, elas podem se agudizar à medida que o Estado brasileiro ainda não logrou desenvolver políticas de alcance mais substantivas que tornem mais democráticas certas experiências culturais e sociais, que são equacionadas de modo privado pelas famílias mais abastadas do ponto de vista econômico: acesso ao cinema, ao teatro, circular na cidade, viajar, aprender línguas, realizar intercâmbios, tomar contato com uma rede diversificada de instituições e agentes sociais etc.

Como enfatiza Enguita (2011, p. 748), "se é verdade que toda a retórica da escola gira hoje em torno do 'reconhecimento da diversidade'", a escola, nascida como uma instituição unitária e uniformizadora, permanece ainda pouco inclinada a diversificar seu trabalho, seja em qualidade, tratando de forma distinta alunos distintos, seja em quantidade, ofertando mais para os que têm menos. Nesta condição, analisa o autor, predomina certa indiferença frente à situação de indivíduos que demandam suportes e apoios diferenciados para lidar com contingências de suas vidas, tais como continuar os estudos, ingressar no mundo do trabalho ou fazê-los concomitantemente.

Referências bibliográficas

ARENDT, Hannah. *Entre o passado e o futuro*. 2. ed. São Paulo: Perspectiva, 1972.

BARRÈRE, Anne. *L'education buissonniere*: quand les ados se forgent par eux-memes. Paris: Armand Colin, 2011.

BEISIEGEL, Celso de Rui. *A qualidade do ensino e a escola pública*. Brasília: Liber Livro, 2006.

_____. Ação política e expansão da rede escolar. *CRPE: Pesquisa & Planejamento*, São Paulo, n. 8, p. 99-197, 1964.

_____. *Estado e educação popular*. Brasília: Liber Livro, 2004.

SOCIOLOGIA DO ENSINO MÉDIO

BUCKINGHAM, David. Cultura digital, educação midiática e o lugar da escolarização. *Educação & Realidade*, Porto Alegre, v. 35, n. 3, p. 37-58, set./dez. 2010. Disponível em: <http://www.ufrgs.br/edu_realidade>. Acesso em: 22 maio 2013.

CARRANO, Paulo; FALCÃO, Nádia. Os jovens e a escola de ensino médio: adiamento ou encontro mediado com o mundo do trabalho? In: TIRIBA, Lea; CIAVATTA, Maria (Orgs.). *Trabalho e educação de jovens e adultos*. Brasília: Liber Livros/Ed. da UFF, 2011. p. 165-198.

CARVALHO, José Sérgio Fonseca. A qualidade do ensino vinculada à democratização do acesso à escola. In: BARROS, Gilda Naécia Maciel de (Org.). *Celso de Rui Beisiegel*: professor, administrador e pesquisador. São Paulo: Edusp, 2009. p. 219-22.

CHARLOT, Bernard. *Os jovens e o saber*: perspectivas mundiais. Porto Alegre: Artmed, 2001.

COHEN, Stanley. *Folks, devils and moral panics*. London: Routledge, 1972.

CORBUCCI, Paulo Roberto. *Sobre a redução das matrículas no ensino médio regular*. Brasília: Ipea, 2009. (Texto para Discussão, n. 1.421.)

CORROCHANO, Maria Carla. *O trabalho e a sua ausência*: narrativas juvenis na metrópole. São Paulo: Annablume; Fapesp, 2012.

_____. Trabalho e educação no tempo da juventude: entre dados e ações públicas no Brasil. In: PAPA, Fernanda de Carvalho; FREITAS, Maria Virgínia (Orgs.). *Juventude em pauta*: políticas públicas no Brasil. São Paulo: Peirópolis, 2011. p. 45-72.

_____ et al. *Jovens e trabalho no Brasil*: desigualdades e desafios para as políticas públicas. São Paulo: Ação Educativa, 2008.

CORTI, Ana Paula; SOUZA, Raquel. *Diálogos com o mundo juvenil*: um guia para educadores. São Paulo: Ação Educativa, 2004.

DAYRELL, Juarez Tarcísio et al. Juventude e escola. In: SPOSITO, Marilia Pontes (Coord.). *O estado da arte sobre juventude na pós-graduação brasileira*: educação, ciências sociais e Serviço Social (1999-2006). Belo Horizonte: Argvmentvm, 2009. v. 1, p. 57-126.

DIEESE. *A situação do trabalho no Brasil na primeira década dos anos 2000*. São Paulo: Departamento Intersindical de Estatística e Estudos Socioeconômicos, 2012.

DUSSEL, Inés. A transmissão cultural assediada: metamorfoses da cultura comum na escola. *Cadernos de Pesquisa*, São Paulo, v. 39, n. 137, p. 351-65, ago. 2009. Disponível em: <http://www.scielo.br>. Acesso em: 22 maio 2013.

ENGUITA, Mariano Fernández. Del desapego al desenganche y de este al fracaso escolar. *Cadernos de Pesquisa*, v. 41, n. 44, p. 732-51, 2011. Disponível em: <http://www.scielo.br>. Acesso em: 22 maio 2013.

FEIXA, Carles; LECCARDI, Carmem O conceito de geração nas teorias sobre juventude. *Sociedade e Estado*, v. 25, n. 2, p. 185-204, 2010.

FERNANDES, Florestan. *Mudanças sociais no Brasil*. São Paulo: Difel, 1974.

GREEN, Bill; BIGUM, Chris. Alienígenas na sala de aula. In: SILVA, Tomaz Tadeu da (Org.). *Alienígenas na sala de aula*: uma introdução aos estudos culturais em educação. Rio de Janeiro: Vozes, 1995. p. 208-43.

GUIMARÃES, Nadya Araujo. Trabalho: uma categoria-chave no imaginário juvenil? In: ABRAMO, Helena Wendel; BRANCO, Paulo (Orgs.). *Retratos da juventude brasileira*: análises de uma pesquisa nacional. São Paulo: Instituto Cidadania/Fundação Perseu Abramo, 2005. p. 149-74.

_____. Trajetórias inseguras, autonomização incerta: os jovens e o trabalho em mercados sob intensas transições ocupadas. In: CAMARANO, Ana Amélia (Org.). *Transição para a vida adulta ou vida adulta em transição*. Rio de Janeiro: Ipea, 2006. p. 171-197.

HASENBALG, Carlos. A transição da escola ao mercado de trabalho. In: _____; SILVA, Nelson do Vale (Orgs.). *Origens e destinos*: desigualdades sociais ao longo da vida. Rio de Janeiro: Topbooks, 2003. p. 55-84.

IPEA. *PNAD 2009* — Primeiras análises: situação da educação brasileira: avanços e problemas. Brasília: Instituto de Pesquisa Econômica Aplicada, 2010. (Comunicados do Ipea, n. 66.)

KRAWCZYK, Nora. Reflexão sobre alguns desafios do ensino médio no Brasil hoje. *Cadernos de Pesquisa*, São Paulo, v. 41, n. 144, p. 752-69, 2011.

_____. *O ensino médio no Brasil*. São Paulo: Ação Educativa, 2009. (Em questão, n. 6.)

LECCARDI, Carmen. Para um novo significado do futuro: mudança social, jovens e tempo. *Tempo Social*, São Paulo, v. 17, n. 2, p. 35-57, 2005.

LIMA, Leonardo Claver Amorim. Da universalização do ensino fundamental ao desafio de democratizar o ensino médio em 2016: o que evidenciam as estatísticas? *Revista Brasileira de Estudos Pedagógicos*, v. 92, n. 231, p. 268-284, 2011.

MADEIRA, Felícia Reicher. Os jovens e as mudanças estruturais na década de 70: questionando pressupostos e sugerindo pistas. *Cadernos de Pesquisa*, São Paulo, n. 58, p. 15-48, ago. 1986.

MARTINS, José de Souza. *Florestan*: sociologia e consciência social no Brasil. São Paulo: Edusp/Fapesp, 1998.

MATTOSO, Jorge. *Brasil desempregado*: como foram destruídos mais de 3 milhões de empregos nos anos 90. São Paulo: Fundação Perseu Abramo, 1999.

MELUCCI, Alberto. Juventude, tempo e movimentos sociais. *Revista Brasileira de Educação*, São Paulo, n. 5-6, p. 5-14, 1997. (Juventude e Contemporaneidade, número especial.)

NERI, Marcelo Côrtes. Evasão ou melhora no fluxo escolar? *Valor Econômico*, 27 nov. 2012.

_____. *A nova classe média*. Rio de Janeiro: Fundação Getúlio Vargas, 2010.

OIT. *Global employment trends for youth 2013*: a generation at risk. Geneva: OIT, 2013.

_____. *Trabalho decente e juventude no Brasil*. Brasília: Organização Internacional do Trabalho, 2009.

PASSERON, Jean-Claude. Los problemas y los falsos problemas de la democratización del sistema escolar. *Revista de Ciencias de la Educación*, Buenos Aires, ano III, n. 8, 1972.

POCHMANN, Marcio. *Nova classe média*? O trabalho na base da pirâmide social brasileira. São Paulo: Boitempo, 2012.

_____. *O emprego na globalização*: a nova divisão internacional do trabalho e os caminhos que o Brasil escolheu. São Paulo: Boitempo, 2001.

SOUZA, Amaury; LAMOUNIER, Bolívar. *A classe média brasileira*. Rio de Janeiro: Campus, 2010.

SOUZA, Jessé. *Os batalhadores brasileiros*: nova classe média ou nova classe trabalhadora? Belo Horizonte: Ed. da UFMG, 2010.

SPOSITO, Marilia Pontes. Uma perspectiva não escolar no estudo sociológico da escola. In: PAIXÃO, Léa; ZAGO, Nadir (Orgs.). *Sociologia da educação*: pesquisa e realidade brasileira. 2. ed. Rio de Janeiro: Vozes, 2011. p. 19-43.

_____. *A ilusão fecunda*: a luta por educação nos movimentos populares. 2. ed. São Paulo: Hucitec, 2010.

_____. Algumas reflexões e muitas indagações sobre as relações entre juventude e escola no Brasil. In: ABRAMO, Helena Wendel; BRANCO, Pedro (Orgs.). *Retratos da juventude brasileira*: análises de uma pesquisa nacional. São Paulo: Instituto Cidadania/Fundação Perseu Abramo, 2005. p. 87-127.

_____. *O povo vai à escola*. 3. ed. São Paulo: Loyola, 2002.

TEDESCO, Juan Carlos. Crítica al reproductivismo educativo. *Cuadernos Políticos*, Cidade do México, n. 37, p. 59-69, 1983.

TILLY, Charles. *La desigualdad persistente*. Buenos Aires: Ediciones Manantial, 2000.

TOKMAN, Víctor; CORROCHANO, Maria Carla; GOUVÊA, Jorge Luiz. *Desemprego juvenil no Cone Sul*: uma análise da década. São Paulo: Friedrich Ebert Stiftung, 2003.

VINCENT, Guy; LAHIRE, Bemard; THIN, Daniel. Sobre a história e a teoria da forma escolar. *Educação em Revista*, Belo Horizonte, n. 33, p. 7-47, jun. 2001.

WELLER, Wivian. A atualidade do conceito de gerações de Karl Mannheim. *Sociedade e Estado*, Brasília, v. 25, n. 2, p. 205-24, ago. 2010. Disponível em: <http://www.scielo.br>. Acesso em: 22 maio 2013.

AS RELAÇÕES COM OS ESTUDOS DE ALUNOS BRASILEIROS DE ENSINO MÉDIO

Bernard Charlot
Rosemeire Reis

Desde as décadas de 1980/1990, considera-se o fim do ensino médio como nível básico de formação escolar na sociedade globalizada, a tal ponto que a Organização de Cooperação e Desenvolvimento Econômico (OCDE), que agrupa economias tidas por desenvolvidas, define o fracasso escolar pelo fato de não ter finalizado essa etapa de escolarização.

> Falta de inclusão e justiça fomentam o fracasso escolar, cuja manifestação mais visível é o abandono — com 20% de jovens adultos, em média, abandonando antes de concluírem o ensino médio (OECD, 2012a, p. 9).[1]

---

1. "Lack of inclusion and fairness fuels school failure, of which dropout is the most visible manifestation — with 20% of young adults on average dropping out before finalizing upper secondary education". Ao longo deste texto, as traduções são nossas quando o título, nas referências finais, não é português. Em inglês, a sigla da OCDE é OECD.

Qual é atualmente a situação do Brasil, comparada com a dos países com os quais ele compete na economia globalizada, e como a sociologia pode contribuir para a ampliação do ensino médio brasileiro? Defendemos neste texto a ideia de que se deve prestar mais atenção do que de praxe ao confronto do aluno com o saber, e apresentamos resultados de uma pesquisa recente sobre a relação de jovens brasileiros do ensino médio com a escola e com o saber.

A escolarização no ensino médio: abordagem comparada

Vários países já se aproximaram do objetivo de universalizar o ensino médio, mas o Brasil atrasou-se. Pode-se, por exemplo, interessar-se pelas taxas de adultos de 25 a 34 anos com diploma do ensino médio ou universitário, em vários países. Essas taxas indicam o nível de formação da população ativa mais jovem, saída das escolas ou universidades no último período.

> Em 2010, em média, 82% dos adultos de 25 a 34 anos da OECD dispõem de um diploma do ensino médio (geral ou profissional) ou maior. Em alguns países, a taxa ultrapassa 90% (Coreia, Finlândia, Canadá, Polónia, Suécia, Rússia etc.). No Brasil, é só 53% — em México e Chile, 44% e 87% (OECD, 2012b, p. 35; OECD, 2012c).
> Na mesma faixa etária dos 25-34 anos, 38% têm um diploma de uma instituição de ensino superior. Em alguns países, o percentual ultrapassa 55% (Coreia, com 65%; Japão, Rússia, Canadá). No Brasil, é só 12% — em México e Chile, 22% e 38% (OECD, 2012b, p. 35; OECD, 2012c).

Portanto, em muitos países, o fim do ensino médio já passou a ser o nível "normal" de escolarização e mais de um terço da população adulta jovem conseguiu um diploma superior. O Brasil está atrasado: a sua taxa de ensino médio fica no 32º lugar entre 36 investigadas e a de ensino superior no 36º entre 37 (OECD, 2012c, p. 7). Observamos igualmente um atraso quando se compara o Brasil com duas outras potências econômicas da América latina: México e, sobretudo, Chile.

SOCIOLOGIA DO ENSINO MÉDIO

Aos poucos, porém, o Brasil está recuperando seu atraso. Com efeito, a taxa de escolarização no ensino médio dos adultos brasileiros de 55 a 64 anos (entre os mais idosos na população ativa) é de apenas 25%, enquanto a das pessoas de 25 a 34 anos (entre os mais novos) é de 53%: essa diferença de 28% é a oitava mais importante entre os 34 países com dados disponíveis (OECD, 2012c, p. 4). Do mesmo modo, as diferenças nas taxas de escolarização dos 15-19 anos, que remetem aos esforços atuais, não são grandes: em 2010, a taxa média na OECD é de 83% e a do Brasil é de 76% (54% no México, 75% no Chile) (OECD, 2012b, p. 330).

Contudo, o Brasil esbarra em dois problemas: muitos jovens deixam a escola cedo e outros ainda frequentam o ensino fundamental apesar de já pertencerem à faixa etária do ensino médio. A Pesquisa Nacional por Amostra de Domicílios (PNAD) do Instituto Brasileiro de Geografia e Estatísticas (IBGE) indica onde estão, em 2009, os jovens de 15 a 17 anos (*Anuário Brasileiro da Educação Básica*, 2012, p. 46):

— 50,9% (5.295.192) no ensino médio (mais 0,2% na Educação de Jovens e Adulto (EJA) do ensino médio);

— 0,2% no pré-vestibular e 0,5% no ensino superior;

— 31,9% (3.315.658) no ensino fundamental (EF) (mais 1,4% na EJA Alfabetização ou EF);

— 14,8% (1.539.811) não estudam.

A taxa de escolarização líquida no ensino médio (porcentual da população de 15-17 anos que é matriculada no ensino médio, nível que corresponde à sua idade) cresce: 43,1% em 2003, 50,9% em 2009, 51,6% em 2011 (id., ibid.; IBGE, 2012, Tabela 3.2). Todavia, cerca de 48% dos jovens não frequentam esse ensino: 15% abandonaram antes ou ingressaram nele e desistiram; 33% ainda são matriculados no ensino fundamental e só uma parte deles finalizará o ensino médio.

A taxa de escolarização líquida varia de acordo com três fontes de desigualdade, cujos efeitos se acumulam: a região, a cor da pele, a renda. A pesquisa 2012 do PNAD mostra que, em 2011, a taxa é de 59,6% no Sudeste e de 41,2% no Norte, 60% entre os brancos e 45,3% entre os pardos e pretos, 36,8% no quinto mais pobre da população e 74,5% no quinto mais rico (IBGE, 2012, Tabelas 3.2, 3.3, 3.4). Obviamente, essas fontes de desigualdade combinam os seus efeitos. Assim, a taxa é de 29,8% entre os mais pobres do Norte e 77,7% entre os mais ricos do Sudeste. Observamos, porém, que o ensino médio nem escolariza todos os filhos das famílias mais ricas da região mais próspera do Brasil. A dificuldade é maior ainda, claro está, quando se trata de jovens com condições de vida difíceis e precárias. Acácia Kuenzer fala de "década perdida", com crescimento da taxa de repetência, da de evasão e do tempo médio de conclusão (2010, p. 860). Nora Krawczyk evoca "uma geração de jovens de baixa renda, mais escolarizada que seus pais, mas com muitas dificuldades para encontrar sentido na vida escolar, para pensar no mundo do trabalho a partir da escola e para conseguir trabalho" (2011, p. 756). Não se trata apenas de resolver o chamado "gargalo do ensino médio", mas também o problema da qualidade desse ensino e da defasagem crescente entre seu currículo e o novo público que nele adentra.

O Ministério da Educação tem consciência do problema. Em 2009, uma emenda constitucional alterou o artigo 208 da Constituição Federal para estabelecer a "educação básica obrigatória e gratuita dos 4 (quatro) aos 17 (dezessete) anos de idade, assegurada inclusive sua oferta gratuita para todos os que a ela não tiveram acesso na idade própria" (Emenda Constitucional 59/2009, art. I). Entre suas vinte metas, o Plano Nacional de Educação para o decênio 2011-2020 prevê "universalizar, até 2016, o atendimento escolar para toda a população de 15 a 17 anos e elevar, até 2020, a taxa líquida de matrículas no ensino médio para 85%, nesta faixa etária" (MEC, PNE 2011-2020, meta 3). Assim, de acordo com esse plano, todos os jovens de 15 a 17 anos frequentarão a escola em 2020, seja qual for o nível (em vez de cerca de 85% hoje) e 85% deles cursarão o ensino médio (em vez de 51% atualmente).

A política pública foi definida e o desafio é ambicioso. Como pode a sociologia contribuir para essa ampliação do ensino médio brasileiro?

A sociologia da reprodução: lucidez crítica e impasse prático

Ao ampliar-se, o ensino médio terá de acolher um novo público e, portanto, resolver os problemas que sempre aparecem quando determinado segmento do sistema escolar se abre. Em tal caso, fala-se de "crise", mas, em verdade, trata-se de outra coisa: com alunos oriundos de camadas sociais antes excluídas, entram também na escola contradições estruturais. Na década de 1980, o Brasil geriu essas contradições por uma dualização do sistema: escola particular para os jovens da classe média que podem pagar e escola pública para os demais. O desafio atual é escolarizar todos no ensino médio, incluídos os 15% que, hoje, ficam fora da escola e os 33% atrasados no ensino fundamental. O que vai acontecer? Será que o país conseguirá construir um ensino médio de qualidade para todos? Ou será que vai apenas prolongar o ensino fundamental atual, com seus problemas?

A questão do sucesso ou fracasso escolar em um ensino secundário que acabou de se abrir foi o foco de um ramo da sociologia da educação historicamente importante e cuja influência ideológica segue importante: a sociologia da reprodução. O vínculo entre classe social dos pais e trajetória escolar dos filhos é evidente quando se tem de pagar a matrícula para a escola: a fonte da desigualdade é econômica. Mas quando o ensino secundário se torna gratuito, por que crianças que ingressam de graça na escola fracassam? Podem-se alegar outras dificuldades socioeconômicas que não a matrícula: preço do material escolar, condições de vida e estudo etc. No entanto, quando a França, como muitos outros países do mundo na mesma época, abriu seu *collège* (ensino fundamental II), no fim dos anos 1950 e início dos anos 1960, logo sociólogos avançaram hipóteses e explicações que ultrapassavam o argumento econômico.

Em 1962, o Instituto Nacional de Estudos Demográficos (Ined) inicia uma investigação sobre o acesso ao *collège*, sob a responsabilidade de Alain Girard. Em um texto publicado com Bastide, Girard ressalta que os fatores econômicos e geográficos, por mais importantes que sejam, não dão conta de todas as diferenças estatísticas.

Mas o padrão de vida, ou o dinheiro, não é a única causa. Em situação de igualdade de aptidões ou de igualdade de valor escolar, o ambiente cultural da família e seu nível de aspiração favorecem as crianças de meios sociais altos em comparação com as dos demais meios (Girard e Bastide, 1963, p. 471).

Os autores assinalam que a opinião dos docentes acerca do futuro escolar dos alunos é influenciada pelo pertencimento social dos alunos ("inconscientemente, sem dúvida"), mas consideram que, além do fator econômico, a desigualdade socioescolar decorre, antes de tudo, do fato de que "as crianças de meios modestos, em geral, não são amparadas e sustentadas nos seus estudos pelas aspirações e a vontade dos seus pais" (id., ibid., p. 470). Portanto, concluem Girard e Bastide, "esse fator de injustiça parece ligado à própria instituição familiar. Esse é um obstáculo em que esbarra a vontade de democratização. As estruturas presentes e a estratificação social têm uma grande força de inércia e freiam o movimento" (id., ibid., p. 472). Em outras palavras: existe uma "vontade" social e um "movimento" a favor da democratização escolar, mas eles esbarram nas representações e práticas das famílias.

Ledo engano, respondem Bourdieu e Passeron, em 1964 e 1970, em *Les héritiers* (*Os herdeiros*) e *La reproduction* (*A reprodução*):[2] a sociedade não quer uma verdadeira democratização da escola, ela organiza, sim, a reprodução das suas estruturas desiguais de uma geração para outra e a escola contribui, de forma específica, para essa reprodução. Ou seja: o lugar de produção da desigualdade escolar é a própria escola, enquanto instituição social. As famílias produzem crianças culturalmente diferentes, mas essas *diferenças* só se tornam *desigualdades* porque a escola privilegia a cultura dos dominantes.

Les héritiers oferece um estudo sociológico dos universitários e interessa-se, de forma mais ampla, pelas "formas escondidas de desigualdade diante da escola" (Bourdieu e Passeron, 1964, p. 11). Além de

---

2. *Les héritiers* não foi traduzido para o português. *La reproduction* foi traduzido (*A reprodução*).

evidenciar as desigualdades sociais no acesso à universidade, o livro propõe uma explicação a partir do conceito de capital cultural: o sucesso escolar requer um capital cultural que pode ser adquirido apenas nos meios sociais dominantes. Esse capital é constituído por conhecimentos explícitos e, também, por gostos, maneiras, disposições, relação com a cultura que permanecem amplamente implícitos. Essa relação com a cultura é socialmente construída, mas, por ser implícita, a sua origem social é ignorada pelos estudantes e pela própria instituição escolar, que valoriza o estudante "dotado", a desenvoltura e elegância aparentemente natural nos estudos e despreza um pouco o aluno "esforçado", o trabalho escolar árduo e perseverante. Uma democratização da escola exige um trabalho de explicitação do implícito — o que é, aliás, o objetivo e o efeito do próprio livro *Les héritiers*. Bourdieu e Passeron avançam a ideia de um ensino racional, explicitando e ensinando os métodos e as técnicas que levam ao sucesso escolar.

Em 1969, *La reproduction* prolonga essas análises. A socialização da criança gera um *habitus*, isto é, um conjunto de disposições psíquicas que estruturam as representações e práticas da criança e, a seguir, do adulto. Portanto, as disposições para a cultura, a linguagem, o saber, a escola etc. variam de acordo com a posição social da família. A posição dos pais produz nos filhos disposições que tendem a reproduzir para estes a posição daqueles: esse processo posição/disposição/posição fomenta a *reprodução*.

A instituição escolar não se detém em contribuir para essa reprodução, ela cumpre uma função específica de legitimação, graças a sua *autonomia relativa*. A escola é uma instituição social; portanto, ela funciona conforme as formas e normas culturais dos dominantes; trata-se, segundo Bourdieu e Passeron, de um *arbitrário cultural*, uma *violência simbólica*. Mas a escola apresenta-se e pensa a si mesma como uma instituição cultural, universalista, socialmente neutra e, assim, a seleção por ela operada não é percebida como social, mas como cultural e, logo, legítima.

Essas análises afinam e fundamentam as do livro anterior. O desfecho, porém, é diferente. Bourdieu e Passeron avançam novamente a ideia de pedagogia de racionalização e explicitação. Se o êxito escolar requer disposições que as famílias populares não construem nos seus filhos, em especial modos específicos e implícitos de se relacionar com a linguagem e a cultura, a solução parece evidente: a escola tem de construir o que a família não fez. Mas Bourdieu e Passeron rechaçam essa solução, impossível do ponto de vista sociológico: por que os dominantes iriam implantar na escola uma pedagogia que acabaria com as vantagens implícitas que beneficiam seus próprios filhos? "Em suma, só um sistema escolar a serviço de outro sistema de funções externas e, correlativamente, de outro estado da relação de força entre as classes, poderia possibilitar tal ação pedagógica" (Bourdieu e Passeron, 1970, p. 162-63).[3] Fechada essa porta, qual é a solução? Não existe mais proposta dessa sociologia para uma democratização da escola. Assim, será que ela pode contribuir para políticas educacionais de expansão e democratização do ensino médio?

A sociologia da reprodução não é a única forma de sociologia da educação; outras se interessam pela socialização na escola, pela experiência escolar, pelo que acontece fora da escola etc. Mas ela é a sociologia que foca a questão do fracasso socioescolar. O livro *Les héritiers* sofre fraquezas metodológicas inegáveis, decorrentes das condições em que foi realizada a investigação (Delsault, 2005). A teorização de Bourdieu e Passeron, ademais, esbarra em objeções teóricas fortes, em particular no que diz respeito à individualização contemporânea das trajetórias de vida (Martucelli, 1999) e à constituição do *habitus* (Charlot, 2000). No entanto, ela tem um grande merecimento, ainda atual: desvendar as desigualdades escondidas, arrancar as máscaras, evidenciar a contribuição da própria escola para a produção das desigualdades socioescolares, despertar uma consciência crítica sempre alerta. Essa é sua grandeza.

---

3. "Bref, seul un système scolaire servant un autre système de fonctions externes et, corrélativement, un autre état du rapport de force entre les classes, pourrait rendre possible une telle action pédagogique".

Mas, do ponto de vista das políticas educacionais, essa é também a sua fraqueza. Sobre a questão que interessa sobremaneira essas políticas, a da superação dos obstáculos socioescolares freando a democratização da escola, a sociologia cumpre uma função de revelar e denunciar, mas não abre saída alguma. Pior: ela fecha todas as portas, como se sua função fosse apenas a de demonstrar que qualquer tentativa de democratização não passa de uma ilusão. Quer na França quer no Brasil, atravessou-se, assim, todo o período de universalização do ensino fundamental e abertura do ensino médio sem verdadeiro apoio da sociologia. Ao passo que o sistema escolar se expandia e acolhia cada vez mais jovens de famílias populares, a sociologia esforçava-se para demonstrar que se tratava apenas de massificação, e não de democratização, que o lugar da seleção social tinha sido apenas deslocado e que os diplomas, à medida que se multiplicavam, perdiam seu valor no mercado de trabalho.

Essa orientação sociológica providenciou também um argumento para os docentes que se sentiam impotentes. Em 1968 ocorreu o que se pode chamar de paradoxo do universitário: os herdeiros foram às ruas e apelaram para uma revolução social e cultural, brandindo, às vezes, *Les héritiers*, o livro que denuncia seus privilégios! Dos anos 1970 para cá, observamos o paradoxo do docente: quando sociólogos sustentam que a escola, por suas representações e práticas, é uma fonte de desigualdade social, os docentes aplaudem! Como de praxe, o paradoxo é racional: da sociologia da reprodução, reinterpretada, muitos docentes entenderam que só se pode ensinar um aluno que foi provido por sua família das disposições necessárias para ser ensinado. Em outras palavras: a família é que tem de resolver o problema e entregar aos docentes alunos escolarmente formatados. Essa versão degenerada da sociologia da reprodução constituiu-se em um senso comum que permeia a escola, ainda hoje e que considera impossível uma democratização do ensino médio que não seja, também, uma desvalorização. A sociologia crítica passou assim a cumprir funções sociais conservadoras. Esse é o paradoxo da própria sociologia contemporânea da desigualdade escolar.

O saber e a relação com o saber: um questionamento imprescindível

Para universalizar o seu ensino médio, o Brasil precisa de dinheiro. O fator econômico não é o único, o dinheiro não basta para resolver os problemas, mas sem investimento financeiro não é possível universalizar o ensino médio. O debate a esse respeito está em andamento. Em 2011, o investimento público em educação correspondeu a 5,3% do Produto Interno Bruto do país (PIB). O Plano Nacional de Educação 2011-2020 prevê ampliar progressivamente essa taxa "até atingir, no mínimo, o patamar de 7%" do PIB (meta 20). Em 2012, ao examinar o Plano, os deputados aprovaram por unanimidade a meta de 10%. Mas eles não indicaram onde encontrar o dinheiro e o governo considera que não se podem ultrapassar 8%.[4]

Para ampliar o ensino médio brasileiro, é necessário escolarizar nele alunos de novas camadas sociais. Essa ampliação pode ser realizada sob vários modelos, de acordo com o tipo de ensino e de estabelecimento. Trata-se, em particular, de definir se deve ser um ensino geral ou se pode ser, igualmente, técnico e profissional e, ato contínuo, de saber se existirá alguma forma de hierarquia entre os vários tipos de ensino médio. Desse ponto de vista, a lucidez crítica da sociologia pode ajudar a que a universalização do ensino médio seja igualmente uma democratização.

Entretanto, a perspectiva sociológica clássica não é suficiente, como já mencionado. Devemos levantar a questão básica: a do saber, da sua transmissão e da sua apropriação. Se não o fizermos, corremos o risco de confundir matrícula e acesso: o problema a ser resolvido não é o de matricular todos os jovens no ensino médio, sendo essa uma condição necessária, mas não suficiente; é, sim, fazer com que todos tenham mesmo acesso aos conhecimentos e às competências que o definem. A questão é ampla; deter-nos-emos aqui em ressaltar alguns princípios.[5]

---

4. Sobre esse debate articula-se outro, que diz respeito ao uso do dinheiro do petróleo da camada "pré-sal".

5. Para análises mais detalhadas, ver Charlot (2000, 2005).

A força da sociologia clássica das desigualdades socioescolares reside, como vimos, na relação entre posição e disposição. Mas a sociedade não é apenas um conjunto de *posições*, é também, e antes de tudo, um conjunto de *atividades*. Essas atividades são estruturadas por relações sociais e, portanto, existe uma interdependência entre atividades e posições, mas, longe de ser meros efeitos ou justificativas das posições, ou simples instrumentos para conquistar o poder simbólico em um determinado campo social, as atividades surtem efeitos específicos, que decorrem da sua própria natureza. Portanto, a escola deve ser considerada, antes de tudo, como lugar de atividades. Essas atividades são atravessadas por contradições, embates, como todas as atividades sociais. Por conseguinte, a escola é um lugar de lutas, com formas de dominação, mas também resistências, tentativas de subversão, invenção tática do cotidiano (Certeau, 1994). Em particular, por mais interessante que seja a análise sociológica dos implícitos da escola, já não se deve desprezar o seu discurso explícito. Como mostrou Marrero, as moças, por não conhecerem as pesquisas sobre o gênero, acreditam que a escola é um lugar em que elas têm chances iguais às dos rapazes e, por acreditarem nisso, estudam e acabam por... ter mais êxito escolar do que os rapazes (Charlot, 2009c). A escola não é apenas um lugar de produção escondida de desigualdades, é, também, um dos poucos lugares sociais afirmando a igualdade das crianças. Mentira? Sim, mas bela mentira, que surte efeitos de *self-fulfilling prophecy* (profecia autorrealizante).

A atividade específica da escola é a instrução, a educação, a formação. Portanto, a escola não é apenas um lugar de seleção social, é também um lugar de formação. Esse é provavelmente o maior paradoxo da sociologia contemporânea da educação: tratar de muitas coisas da escola, até da experiência escolar, esquecendo a questão do confronto dos alunos com o saber, como se esse fosse um pequeno detalhe.[6] Em particular, a desvalorização dos diplomas no mercado de

---

6. Com algumas exceções, obviamente. Convém assinalar, sobretudo, a sociologia anglófona do currículo (Lauder et al., 2012) e, na sociologia francesa, Anne Barrère (1997).

trabalho à medida que o sistema escolar se abriu a novas camadas sociais não é apenas uma translação do momento da seleção socioescolar. Com efeito, esses jovens que finalizaram o ensino médio sem conseguir valorizar esse nível de formação no seu salário, como foi o caso na geração anterior, aprenderam coisas que os jovens da geração precedente não aprenderam, o que não pode ser considerado sem importância, nem do ponto de vista da sociedade, nem do ponto de vista dos próprios jovens.

Fica um pouco esquisito ter de insistir nisso, mas passou a ser necessário depois da denúncia sociológica: a escola transmite conhecimentos, constrói competências, forma. Aliás, por isso é que o ensino médio se tornou o nível básico da escolarização. O alongamento do tempo de estudos não resulta somente da massificação e da concorrência escolar. Esse efeito existe, obviamente: quando um nível de formação se generaliza, deve-se alcançar o nível mais alto para se distinguir dos demais, em particular no mercado de trabalho, e, sendo assim, a universalização de um nível tende a ampliar a procura para o seguinte. Não se deve esquecer, porém, que o alongamento dos estudos supre necessidades sociais. Mais informatizada e automatizada e, de certa forma, mais frágil, a sociedade contemporânea requer trabalhadores e consumidores reflexivos, capazes de acompanhar processos sequenciais, sensíveis às questões de higiene, de responsabilidade social e ecológica, de diferenças culturais, ao mesmo tempo autônomos e aptos a funcionar em grupos ou redes, conseguindo mudar e atualizar rapidamente as suas formas de atividade e de consumo.

Por fim, só se forma, aprende na escola, quem tem uma atividade intelectual que condiga com o projeto específico da escola. E só se mobiliza e persevera em tal atividade quem encontra nela um sentido positivo e uma forma de prazer. Portanto, a questão da relação com a escola e com o saber é fundamental para esclarecer as dificuldades em que esbarram os jovens dos meios populares. Cedo, os pesquisadores entenderam isso, mas eles focaram a família, quer seja diretamente (Girard) ou indiretamente (em Bourdieu e Passeron, através do capital cultural *herdado*). Porém, o próprio aluno é quem aprende; os pais e professores podem pressionar de forma ou outra, mas, em última instância, o processo de ensino-aprendizagem só funciona quando o aluno se mobiliza intelectualmente. Em si só, nenhuma medida política, estrutural ou financeira produz conhecimento e competência nos alunos; ela modifica as situações em que eles estudam e as condições em que os docentes oferecem-lhes ensino. Não existe vara mágica para resolver os problemas da escola, chamem-se ciclos, avaliação, tempo integral, *tablet* etc. Sempre, o político deve perguntar-se quais efeitos determinada mudança no sistema escolar pode surtir na mobilização do aluno e na eficácia do processo de ensino-aprendizagem. Não bastam os discursos generosos e as boas intenções: uma decisão teoricamente correta pode produzir efeitos perversos quando não se controlam os contextos complexos de aplicação, como já se viu na escola brasileira, por exemplo com os ciclos ou as políticas de inclusão. Para deixar as coisas bem claras, a questão fundamental é: por que e como esta decisão política vai mudar as práticas de aprendizagem dos alunos? Ato contínuo, vem a questão complementar: quais são as condições para que essa mudança aconteça mesmo?

Para um aluno, qual o sentido de ir à escola? Qual o sentido de estudar ou de se recusar a estudar? Qual o sentido de aprender, quer na escola quer em outro lugar? Para ele, qual sentido tem tal ou qual método pedagógico, tal ou qual relação com os docentes? O que ele considera uma professora ou uma aula *interessante*? São questões básicas. A sociologia não pode pretender responder sozinha a essas questões, mas ela pode dar uma contribuição importante. Por duas razões.

Em primeiro lugar, porque a relação com a escola e com o saber é *social*, por ser construída na família e no ambiente de vida. Contudo, essa relação social é também *singular*, por ser elaborada ao longo de uma história singular; dois irmãos, pertencendo por definição ao mesmo "meio familiar e social", podem ter relações diferentes com a escola.

Portanto, a sociologia deve investigar as formas ao mesmo tempo sociais e singulares de relação com a escola e com o saber.[7]

Em segundo lugar, a relação com a escola e seus saberes é apenas uma das várias formas de "relação com o aprender" que o ser humano constrói ao longo da sua vida (Charlot, 2000, 2005). O homem nasce incompleto, mas nasce em um mundo humano que o antecedeu e o acolhe. Ele torna-se humano, social e singular ao apropriar-se, graças à educação, de um patrimônio legado pelas gerações anteriores. Estas não inventaram somente saberes existindo como objetos de linguagem, transmitidos, em especial, pela escola, mas, também, práticas, formas de se relacionar com o mundo físico, com os outros e consigo mesmo. O que vale a pena ser aprendido? Qual o sentido de aprender tal ou qual coisa (a matemática, o futebol, a música, a sedução, o uso de armas etc.)? Existem formas diferentes, heterogêneas e, muitas vezes, concorrentes de aprender.[8] O *significado* e o valor das formas de aprender são socialmente elaborados. Mas o *sentido* dessas formas é construído em uma história singular, sem nenhum determinismo — não porque o sujeito escaparia ao social, mas porque, sobretudo na sociedade contemporânea, ele participa em relações sociais tão múltiplas e complexas que elas acabam por possibilitar a construção de uma configuração humana histórica-social-singular. Ao investigar as relações dos estudantes com o saber e com as várias formas de aprender e, logo, ao relacionar o "dentro da escola" com o "fora da escola", a sociologia pode contribuir para entender o que está acontecendo em um ensino médio ampliado.

---

7. A ideia de uma sociologia levando a sério a questão do sujeito, que é também uma questão política e social na sociedade contemporânea, só parece esquisita a quem ainda não entendeu que o homem é, ao mesmo tempo e indissociavelmente, humano, social e singular (Charlot, 2000, 2005).

8. Escrever isso não é desvalorizar a escola e o que ela ensina, é sustentar a tese da *heterogeneidade* irredutível (o que não quer dizer estanquidade e incomunicabilidade) das formas de aprender. Na escola, aprendem-se coisas que não podem ser aprendidas em outros lugares. Mas aprendem-se muitas coisas valiosas, também, fora da escola, sob outra forma e com outro sentido. Recusamos tanto a ideia de arbítrio cultural da escola quanto a arrogância de alguns dos seus arautos.

Caminhos de uma pesquisa de campo com jovens e adultos em uma escola média em Maceió

Qual a relação dos jovens e adultos do ensino médio com a escola e com os estudos? No intento de compreender melhor essa questão foi realizado um estudo em uma escola pública, entre 2010 e 2012, com os jovens do vespertino e com os jovens e adultos do ensino médio, na periferia de Maceió, localizada nas proximidades da Universidade Federal de Alagoas (Ufal).[9] Dentre os objetivos da pesquisa estavam conhecer melhor aspectos da vida destes jovens e adultos, analisar sua relação com a escola, com os estudos e os planos de futuro. Como parte desta pesquisa maior, um subprojeto foi delineado (2011-2012), no qual se buscou compreender indícios de processos de mobilização e/ou de desmobilização em relação aos estudos, tendo como foco os sentidos atribuídos pelos discentes às aulas ministradas, e comparar recorrências e especificidades dos indícios apreendidos sobre os processos aludidos entre os jovens alunos do vespertino e os jovens e adultos do noturno. Neste texto apresentamos alguns aspectos das análises em relação à mobilização e/ou desmobilização em relação aos estudos dos sujeitos pesquisados.[10]

Tratou-se de um estudo de caso (pesquisa quanti-qualitativa), com uma "abordagem local". Segundo Van Zanten (2001, p. 9), esta abordagem pressupõe uma concepção de espaço local como um site, "[...] uma construção social dotada de certa coesão interna e de uma autonomia relativa em relação ao centro mas, ao mesmo tempo, estruturalmente articulada a ele por relações de dominação e interdependência".

---

9. Tal pesquisa, denominada "Estudantes do ensino médio da escola pública estadual do ensino médio em Maceió: quem são, os sentidos que atribuem aos estudos e as possíveis relações entre a experiência escolar e seus planos de futuro", que está sendo realizada no âmbito do grupo de pesquisa "Juventudes, Culturas e Formação" (2010-2012), contou com auxílio do CNPq.

10. Estes objetivos fizeram parte do estudo "Processos de mobilização e/ou de desmobilização em relação aos estudos para jovens e adultos no ensino médio" (2011-2012), pós-doutorado de Rosemeire Reis, sob a supervisão de Bernard Charlot (UFS), com bolsa de pesquisa pelo CNPq, sendo parte da pesquisa mais ampla.

Esta perspectiva de investigação se apoiou no intercruzamento de dados dos diferentes procedimentos de pesquisa: questionário (218), dois encontros com dois grupos de discussão (Weller, 2006), um do noturno e outro do vespertino, 115 balanços de saber (Charlot, 1996) e oito entrevistas semiestruturadas[11] com estudantes que participaram do questionário, da escrita do inventário de saber e do grupo de discussão.

Apresentamos a seguir, a partir das análises realizadas, alguns indícios da relação com o saber destes alunos do ensino médio, ou seja, os sentidos atribuídos ao aprender e os desafios para os estudos nesta etapa de escolarização.

Gostar da escola e aprender nela

Os sujeitos da pesquisa são estudantes do ensino médio, jovens do vespertino e jovens e adultos do noturno. No período vespertino, 19% têm 14-15 anos, 51% têm 16-17 anos e 29% têm 18-19 anos. No noturno, 78% têm de 14 a 29 anos, 20% de 30 a 45 anos e 2% mais de 45 anos. Portanto, a maioria da população pesquisada é "jovem", segundo o critério do Estatuto da Juventude (15-29 anos), in-

---

11. Na primeira fase da pesquisa, realizamos um estudo exploratório com a aplicação de 218 questionários respondidos por jovens do vespertino (115 estudantes) e jovens e adultos do noturno (100 estudantes). Não conseguimos saber se os outros três eram do noturno ou diurno porque deixaram a questão sobre o turno em que estudam sem responder. O questionário foi composto por 55 questões com o objetivo de realizar um levantamento geral de aspectos da vida, do trabalho, das práticas culturais dos estudantes (23 questões) e também de sua relação com a escola e com os estudos (27 questões). Os estudantes do segundo e terceiro anos do ensino médio elaboraram 115 textos, os balanços de saber (Charlot, 1996, p. 51). No primeiro encontro do grupo de discussão, foram priorizados aspectos da vida, lazer, trabalho, sociabilidade etc., e, no segundo, foram focalizadas as questões relacionadas à escola, aos estudos e aos planos de futuro. Estes encontros foram realizados tendo como referência os pressupostos do "grupo de discussão" (Weller, 2006, p. 246). Tal procedimento de pesquisa privilegia a apreensão de experiências coletivas como características sociais do grupo pesquisado, proporcionando a reconstrução dos contextos sociais e dos modelos que orientam as ações dos pesquisados.

SOCIOLOGIA DO ENSINO MÉDIO

clusive no noturno. Aliás, quando se iniciou a pesquisa, o ensino noturno era "regular", mas, a seguir, ele passou a ser definido como "Educação de jovens e adultos" (EJA), o que levou a uma redução do tempo de estudos de três para dois anos, que nossos entrevistados do noturno vivenciaram. Podemos considerar que os sujeitos da pesquisa refletem a população a ser escolarizada no ensino médio, na sua diversidade, incluídos esses alunos já trabalhando que o ensino médio vai ter de acolher para se universalizar. No entanto, observamos diferenças entre os alunos do vespertino e os do noturno e, portanto, quando for pertinente, apresentaremos as respostas, distinguido essas duas subpopulações.

A maior parcela dos estudantes é do sexo feminino: no vespertino, 65% são mulheres e 35% são homens; no noturno; 60% são mulheres e 40% são homens. Portanto, tanto à tarde como à noite grande parte dos estudantes é de mulheres, em consonância com resultados de outros estudos sobre o ensino médio. Notória parcela define-se como pardos e brancos. Há diferenças entre os turnos sobre o estado civil: à tarde, uma parcela significativa dos alunos é solteira; à noite, 22% são casados e 12% "moram juntos". Dentre os participantes da pesquisa, 66% dos que estudam à noite e 16% dos que estudam à tarde trabalham. Em relação à "situação socioeconômica", podemos identificar que grande parte dos jovens e adultos que participaram do estudo exploratório está em situação não favorecida economicamente. Parte dos jovens da tarde (66%) e dos estudantes da noite (68%) possui renda familiar até R$ 800,00. Para 23% dos estudantes da tarde e para 21% do noturno, a renda é de R$ 801,00 a R$ 1.100,00, e apenas para 5% dos alunos da tarde e 4% dos estudantes do noturno a renda familiar é maior que R$ 1.500,00 (valores de dezembro de 2010).

Mesmo a renda familiar não sendo alta, identificamos ainda que 34% dos participantes da pesquisa da tarde e 37% dos alunos da noite possuem computador em casa. A maioria dos jovens da tarde que respondeu ao questionário utiliza internet para redes sociais (84%), em segundo lugar para pesquisas escolares (73%) e em terceiro lugar para MSN (45%). Já os jovens e adultos do noturno utilizam em primeiro lugar a internet para pesquisas escolares (78%), em seguida para redes sociais (48%) e em terceiro lugar para outros tipos de pesquisa (29%).[12]

Em relação aos espaços de estar com os amigos, chamou a atenção que, dentre tantas alternativas, a maioria dos estudantes apontou a escola como lugar preferido, totalizando 83% das respostas dos estudantes da tarde e 78% dos estudantes da noite. Isso pode sinalizar que apesar de possíveis dificuldades relacionadas à aprendizagem ou mesmo nas relações que ocorrem na escola, ela acaba se configurando na principal referência para eles. Podemos afirmar que a instituição escolar assume uma grande importância na vida desses jovens e adultos, importância esta que significa uma mobilização em relação a estar na escola, ao lugar deste espaço nas suas vidas, mas essa importância pode ou não se associar às questões de mobilização em relação aos estudos. Essa importância da escola pode indicar, também, a ausência de acesso a outros espaços de sociabilidade onde vivem. Vale ressaltar, ainda, que muitos deles estão nesta escola, próxima de casa, desde o ensino fundamental. Se outros espaços de sociabilidade são remotos em suas vidas, é provável que os amigos e os grupos com os quais convivem sejam, na sua maioria, os colegas de escola.

Portanto, trazem para a escola maneiras de compreender o mundo, os outros e a si mesmos, ou seja, determinada "relação com o saber" (Charlot, 2000), e precisam se confrontar com um tipo específico de relação com o saber propiciado pela instituição escolar de ensino médio.

---

12. Em relação às práticas culturais, os jovens da tarde citaram em primeiro lugar festas (80%), em segundo lugar praia (69%) e em terceiro lugar *show* (44%). No noturno, as práticas mais citadas foram festa e praia (67%) e em seguida *show* (44%). Os estudantes do vespertino usam mais a internet para se comunicar em redes sociais, para pesquisas etc., em relação aos jovens e adultos do noturno. No noturno, os estudantes com mais idade pedem ajuda aos filhos para pesquisar na internet e digitar os trabalhos. Muitos destacam a dificuldade de encontrar espaços de encontro fora da escola. A maioria dos estudantes faz cursos extraescolares, tendo em vista a preparação para a entrada no mercado de trabalho.

SOCIOLOGIA DO ENSINO MÉDIO

Para apreender aspectos da relação com o saber valorizada pelos estudantes, consideramos pertinente a elaboração pelos jovens e adultos de textos, os balanços de saber (Charlot, 1996, p. 51). Na análise quantitativa dos 115 textos, 62 escritos pelos jovens do vespertino e 53 elaborados pelos jovens e adultos do noturno, identificamos que 63% de aprendizagens evocadas nos textos se inserem naquelas arroladas nas "aprendizagens relacionais e afetivas", apreendidas na relação com outro, entre elas: portar-se bem, educação, respeito, harmonia; solidariedade, amizade, amor, viver em comum; conhecer as pessoas; viver bem, rir; relações de conflito. Os 30% das aprendizagens descritas referem-se às "aprendizagens intelectuais e escolares" (incluídas aprendizagens escolares básicas, como ler, escrever, contar), sendo grande parte delas apresentadas com expressões genéricas (aprender coisas; disciplinas escolares). Apenas 7% das aprendizagens evocadas relacionam-se às aprendizagens ligadas à vida cotidiana (tarefas familiares, atividades práticas, "tempo livre", atividades lúdicas). Os resultados obtidos nesta pesquisa aproximam-se daqueles obtidos por Charlot (2009b), Lomônaco (2003), Reis (2006), nos quais também aparecem com maior ênfase as aprendizagens *relacionais* e *afetivas*. As aprendizagens mais citadas foram aquelas incorporadas pelo convívio com a família e na relação com os amigos. Para os pesquisados, aprender é, sobretudo, desenvolver boas relações com os outros, ser capaz de se desenvolver no mundo, compreender a vida e as pessoas. Tanto na família como na escola, eles aprendem que precisam ter forças para ultrapassar os obstáculos.

Nos questionários, quando indagados sobre a prioridade de formação no ensino médio, na visão de 51% dos participantes da tarde e 46% da noite, este deve ter como prioridade formar para o ingresso no curso superior; 38% dos estudantes do vespertino e 42% da noite consideram que a prioridade é formar para o mercado de trabalho; e 11% dos jovens da tarde e 12% dos alunos da noite é desenvolver o sujeito como ser humano e cidadão. Observamos que um percentual significativo apresenta como prioridade o ensino superior. Porém, há ainda 49% dos jovens da tarde e 54% de jovens e adultos da noite que apresentam outras prioridades. Portanto, como em outros estudos, podemos afirmar que para o conjunto dos estudantes, o ensino superior não é o único projeto vislumbrado com a escolarização no ensino médio.

Para aqueles que participaram do grupo de discussão do vespertino e do noturno, a prioridade também é prosseguir nos estudos e entrar no ensino superior.[13] Apenas um estudante, dos sete integrantes do grupo de discussão do noturno, explica que seu interesse é apenas finalizar o ensino médio e que não pretende estudar na universidade.

Esse estudante do noturno argumenta que na sala de aula em que estuda a maioria pretende terminar o ensino médio rapidamente e obter um emprego. Conforme explica, sua mobilização para estudar está mais relacionada a superar os obstáculos para finalizar o ensino médio, do que por uma relação de investimento nos estudos dentro e fora da escola.

Em relação à questão "se gostam da escola", os estudantes responderam do seguinte modo: 82% dos alunos da tarde e 80% dos alunos da noite disseram gostar da escola. Este resultado sugere que a instituição escolar tem uma importância bastante positiva em suas vidas. Relativamente ao quesito "quando você pensa nos seus estudos", a maioria dos alunos da tarde, 98%, e da noite, 95%, escolhe a alternativa "são importantes para mim". Ademais, 79% dos alunos da tarde e 87% dos do noturno, concordam com o item "eu gosto de estudar". Ressaltamos que uma parcela significativa dos estudantes, um terço do total de participantes — 39% dos alunos da tarde e 36%

---

13. É importante ressaltar um aspecto identificado nas análises dos grupos de discussão e, principalmente, no depoimento de uma estudante entrevistada. Constatamos que, ao menos no período da tarde, os professores escolheram os estudantes que mais se destacam nas aulas para a formação do grupo de discussão. Este aspecto e os argumentos de outros entrevistados indicam que os participantes do grupo de discussão e, posteriormente, uma parte deles como entrevistados não podem representar de modo significativo o conjunto dos estudantes no que se refere às expectativas em relação ao ensino médio, nem em relação às dificuldades para estudar. Provavelmente, eles fazem parte daqueles 51% dos estudantes da tarde e 46% dos jovens e adultos da noite que têm como prioridade a entrada no ensino superior logo após o término do ensino médio.

dos estudantes da noite — admite ter dificuldades para estudar ao escolher a opção "mesmo que eu me esforce não vou bem".

Analisando a questão da relação com a escola e a importância atribuída aos estudos em suas vidas, poderíamos supor que a maioria desses estudantes, tanto da tarde como da noite, teria uma relação positiva com as atividades para apropriação dos saberes privilegiados pela escola. Porém, apesar de grande parte assinalar que gosta da escola, que os estudos são importantes e que a escola é um ambiente onde preferem encontrar com os amigos em detrimento de outros lugares, 65% dos jovens do vespertino e 78% dos jovens e adultos da noite afirmam que a escola média pouco ou nada contribui para a aprendizagem escolar. "A mobilização para a escola não garante de todo uma mobilização na escola, isto é, um empenhamento verdadeiro na atividade escolar de apropriação de saberes" (Charlot, 2009a, p. 77).

Em relação aos estudantes que participaram do grupo de discussão, tanto os jovens do vespertino como aqueles do noturno consideram que aprenderam pouco, o que os impedirá de realizar o projeto de entrar na universidade. Enfatizam que a constante falta de professores, a não possibilidade de utilização na escola do laboratório de Química e da sala de informática estariam prejudicando a aprendizagem.

Tanto os integrantes do grupo de discussão da tarde como os participantes da noite comentam que a formação no ensino médio é o mínimo necessário na nossa sociedade, mas não o suficiente para alcançar os objetivos. Alguns, tanto no período da tarde, como da noite, afirmam que a formação nesta etapa de escolarização é importante, por exemplo, para emprego como "gari", porque sem este diploma nem tal trabalho é possível alcançar. Explica uma estudante do noturno:

> Eu esperava mais da parte da aprendizagem. Eu tô em parte decepcionada, tô saindo formada sem quase nenhum conteúdo, pouquíssimo! Me acrescentou, não vou dizer, porque eu entrei aqui na quinta série, melhorei bastante, mas não tanto quanto gostaria (Lúcia).[14]

---

14. Todos os nomes nos fragmentos de texto dos estudantes são fictícios.

Os jovens e adultos e, mais enfaticamente, estes últimos apresentam a questão de valorizar os estudos em razão de desafios enfrentados para continuar estudando, e explicam que com a concorrência por emprego na sociedade ter o diploma de ensino médio é fundamental para não serem excluídos do mercado de trabalho.

A maioria daqueles que participaram no grupo de discussão do noturno explica que não concorda com a mudança do ensino médio para a modalidade Educação de Jovens e Adultos (EJA), que diminuiu em um ano o tempo de formação para esses estudantes no ensino médio e, segundo eles, é uma das razões para suas dificuldades para aprender. Apenas aquele estudante que não tem como prioridade ingressar no ensino superior não questiona a formação recebida após a transformação do ensino médio noturno em EJA. O grupo também comenta sobre a questão do currículo, questionando as poucas aulas em determinadas disciplinas consideradas por eles como essenciais para propiciar os conteúdos para entrar na universidade e, ainda, denunciam que determinados professores passam apenas trabalhos para dar conta dos conteúdos que deveriam ser ensinados, especialmente quando as turmas ficam muito tempo sem o professor de determinada disciplina. Nesse sentido, para Leontiev (2001) o motivo da ação dos alunos realizarem trabalho da disciplina não seria aprender e sim obter a nota necessária para registrar determinados conteúdos como ensinados e constar oficialmente as aulas como trabalhadas para finalizar o ano letivo. Podemos afirmar que os jovens e adultos se sentem desvalorizados pela escola média e pelos professores por estarem na modalidade EJA. Expressam ainda que não tiveram oportunidade de explicitar sua discordância sobre a passagem do ensino médio para a modalidade Educação de Jovens e Adultos. Eles gostam da escola, nela possuem vínculos, amigos, mas se sentem frustrados em relação à promessa de futuro melhor, por identificar que nela aprenderam pouco, principalmente em relação a uma possível entrada no ensino superior. Suas táticas, no sentido empregado por Certeau (1994), são aproveitar as oportunidades, os cursos extraclasse que aparecem. Eles precisam ingressar ou melhorar sua inserção no mercado de trabalho, para depois pensar em conseguir uma vaga no ensino superior. Conforme Charlot (2009a), "eles reorientam seus projectos a [sic] curto prazo para atingir o seu 'projecto' a [sic] longo prazo (uma vida normal), eles procuram compromissos entre o seu desejo de viver a sua juventude [e no caso deste estudo a vida adulta] e a necessidade de acabar os seus estudos" (Charlot, 2009a, p. 62).

Os jovens do vespertino também questionam a escola média, mas o sentimento de frustração parece menor. Um deles acrescenta ainda que um dos problemas para aprender na escola é a "bagunça" de grande parte dos estudantes, que não permite que os professores ensinem. Nas entrevistas, de modo geral, identificamos que os jovens do vespertino que participaram, tanto no grupo de discussão como depois das entrevistas, são aqueles que se destacam nos estudos. Dos quatro entrevistados, três deles foram convidados em algum momento para participar como bolsistas de iniciação científica no ensino médio, na Universidade Federal de Alagoas. Portanto, são aqueles que são estimulados pelos pais a estudar e se preparar para entrar na universidade. Os jovens do vespertino que participaram do grupo de discussão também utilizam "táticas" para superar as dificuldades, como a realização de vários cursos extracurriculares. No entanto, é possível identificar que para esses jovens é maior a expectativa de entrar no superior após o ensino médio, do que para os jovens e adultos do noturno.

Esses aspectos contribuem para explicar a força da dimensão instrumental dos estudos em nossa sociedade e na escola. Para alguns, a obtenção do diploma pode ser a única dimensão que mobiliza para os estudos e, para outros, pode ser uma das dimensões importantes, havendo também outros motivos para estudar. De qualquer forma, estudar para ultrapassar os obstáculos e obter o diploma de ensino médio é um objetivo bastante valorizado pelos estudantes, mesmo que acompanhado de um sentimento de frustração por não garantir por si mesmos a possibilidade de apropriação de conhecimentos necessários para a continuidade nos estudos, para passar em concurso, dentre outras possibilidades.

Dificuldades para entender o que o professor explica

Com relação às dificuldades para aprender no ensino médio, alguns pontos chamam a atenção nas respostas dos 215 estudantes nos questionários. Tanto para os jovens do vespertino (70%), como para os jovens e adultos do noturno (61%) a maior dificuldade "é entender o que o professor explica". Em segundo lugar, para 46% dos alunos do vespertino, essa dificuldade em aprender está na "falta de aula e de professores" e, em terceiro lugar, aparece a questão de "falta de base na formação anterior". Também, em segundo lugar, para os jovens e adultos do noturno está a "falta de aula/de professores" (44%), e a "falta de tempo para estudar" aparece em terceiro lugar com um percentual de 38% das respostas.

No grupo de discussão do noturno, o problema para aprender no ensino médio também se relaciona à dificuldade para compreender o que os professores explicam e pela falta de interação entre professores e alunos nas aulas no momento de explicar os assuntos. Explicam que determinadas matérias como Biologia, Matemática, Física e Química deveriam ser trabalhadas mais tempo com os estudantes, pois elas são passadas resumidamente e eles não conseguem compreendê-las. Portanto, há um indício de que a falta de tempo e a ideia de priorizar a quantidade dos conteúdos em detrimento do aprofundamento nos assuntos podem contribuir para dificultar a compreensão dos modos específicos de aprender nas diferentes áreas de conhecimento. Outro aspecto bastante citado pelos estudantes da noite como motivo para a dificuldade para aprender é a falta de incentivo do professor. Segundo alguns estudantes, determinados professores expressam explicitamente que não acreditam na capacidade dos estudantes e isso prejudicaria o aprendizado. Também se referem à questão de o professor ou a professora dar atenção apenas para um

SOCIOLOGIA DO ENSINO MÉDIO

pequeno grupo, que senta na frente, o que também dificulta o aprendizado do restante da turma.

No grupo de discussão com os estudantes do vespertino em relação às dificuldades de aprender, foram elencados alguns motivos. Para alguns, a falta de professores, desde o ensino fundamental, acarreta dificuldades por não ter aprendido no passado; outros consideram a falta de preparo dos professores para ensinar; outro se refere à dificuldade de acompanhar as explicações do professor porque este docente nas aulas fala e escreve ao mesmo tempo, e outro retoma a questão da falta de atenção dos alunos quando o professor está explicando.

Encontramos também, na pesquisa, respostas que ecoam resultados de pesquisas de Anne Barrère (1997, 2003a, 2003b) sobre o "trabalho escolar dos estudantes" e de Bernard Charlot (2005, 2009a, 2009b) sobre a relação com o saber.

Barrère explica que os alunos "atribuem uma grande importância ao fato de compreender a aula, o que supõe evidentemente uma escuta atenta [...]. [A escuta] é considerada como uma parte essencial da memorização" (2003a, p. 67). Esta "escuta" não tem o mesmo sentido para todos os estudantes. Para alguns, a "escuta" leva de maneira direta à compreensão dos assuntos e para eles aprender é "colocar na cabeça", "memorizar" o que é dito pelo professor. Outros estudantes interpretam esta "escuta" como a que permite compreender melhor o assunto, para relacioná-lo a suas questões, e, dessa forma, ele gera inquietações, curiosidade de conhecer mais. Nesse sentido, esta escuta não é estática, numa perspectiva naturalizada de aprender.

Charlot mostra que para muitos alunos, em particular nos bairros populares, aprender significa "reter o que nos foi ensinado ou inculcado" (Charlot, 2009a, p. 89). Para eles, "é o professor que é ativo no processo de ensino-aprendizagem" (Charlot, 2005, p. 68) e, portanto, ele deve explicar quantas vezes for preciso, com paciência, sem ficar nervoso, de várias formas, para que todos compreendam. "Na lógica do aluno, se o professor explicar bem e se o aluno escutar bem, o aluno vai saber. Se o aluno escutou e não sabe, é porque o professor não explicou bem. Portanto, a culpa é do professor" (id., ibid., 2005, p. 69).

Quando as práticas escolares vivenciadas pelos estudantes não são capazes de apresentar as diferenças entre os modos predominantes de aprender na vida cotidiana e os modos de pensamento historicamente sistematizados e construídos nas diferentes áreas do conhecimento, os estudantes consideram que estudar é memorizar um conjunto de assuntos desconexos para reproduzi-los nas provas escolares e eles ficam na dependência do professor, intelectual e afetivamente (Charlot, 2009b, p. 253). Ao contrário, quando os estudantes conseguem compreender que existem lógicas específicas exigidas para aprender na escola, eles se tornam mais autônomos em relação aos professores, tanto afetivamente, como pelos modos de apropriação dos saberes escolares.

Esses aspectos são também identificados na nossa pesquisa ao analisar os argumentos dos alunos em relação à aula interessante. Nos argumentos apresentados nos grupos de discussão e nas entrevistas, aproximam-se ao menos de duas grandes perspectivas. Alguns explicam que as aulas são interessantes quando eles conseguem entender o que os docentes explicam, como nos fragmentos a seguir: "o professor tá lá na frente explicando e você consegue assimilar bem o assunto"; "se você conseguir entender o que o professor está dizendo"; "você está conseguindo aprender e aquilo ali vai ficar na sua cabeça"; "é aquela aula em que o professor se dá bem com o aluno". Outros consideram que as aulas interessantes são aquelas em que há a possibilidade de reflexão, de discussão sobre os assuntos, quando suscita mais vontade de aprender, curiosidade etc.: "desperta a atenção e a curiosidade"; "o professor explica e você quer saber do assunto"; "[aula] muito crítica"; "mostrar na prática; é uma aula dinâmica", "[...] debates, pesquisas, aula de campo, trabalhos em duplas, em grupos, trabalhos individuais que envolvem uma cultura, uma pesquisa diferente, não fica só no padrão".

Portanto, essa aula interessante pode ser compreendida como possibilidade de reter o que é ensinado pelo professor como algo pronto, verdade que deve ser apreendida, ou como a possibilidade de colocar em movimento o desejo de saber, no sentido apresentado por Aulagnier (1990). Os argumentos dos estudantes do noturno, no grupo de discussão, aproximam-se mais daquela perspectiva de aprender memorizando os assuntos apresentados pelos docentes. Nas entrevistas, porém, esses alunos consideram interessantes as aulas que permitem maior interação entre professores e alunos. As questões mais salientadas pelos jovens do vespertino aproximam-se da perspectiva do desejo de saber, quando enfatizam, por exemplo, a importância da aula que chame a atenção dos alunos, a curiosidade, a possibilidade de reflexão, de diálogo entre os professores e os alunos para compreensão dos assuntos.

"Colocar coisas na cabeça" ou "refletir para compreender o mundo, os outros e a si mesmo": são duas relações com o saber, com a escola, com os professores. Não é de se admirar que esta se encontre mais na turma vespertina e aquela no grupo noturno, uma vez que essa diferença epistêmica é também social (Charlot, 2005, 2009b). Os estudantes trazem para a escola suas referências e suas relações com os saberes. Os objetos de pensamento apresentados pelos professores na escola são bastante diferentes, por natureza, dos saberes úteis e valorizados na vida cotidiana fora da escola e estes, também, variam de acordo com as classes sociais. Portanto, as relações dos alunos com a escola e o que ela ensina estão ligadas ao meio social do aluno, embora nunca sejam determinadas por ele, por serem ao mesmo tempo sociais e singulares (Charlot, 2000). No entanto, essas relações são também construídas pelos alunos no confronto com as práticas privilegiadas pelos docentes na escola. O que acontece quando jovens pertencendo a vários meios sociais, em especial esses "novos alunos" que o ensino médio brasileiro vai ter de acolher para se universalizar, se confrontam com os conhecimentos e as práticas cognitivas que o ensino médio propõe e impõe? Além dos desafios financeiros e dos problemas institucionais e organizacionais, a sociologia tem de levantar e investigar essa questão se ela quiser contribuir para as políticas de democratização do ensino médio brasileiro.

Referências bibliográficas

ANUÁRIO BRASILEIRO DA EDUCAÇÃO BÁSICA 2012. São Paulo: Moderna, 2012. Disponível em: <http://www.moderna.com.br/lumis/portal/file/fileDownload.jsp?fileId=8A8A8A83376FC2C9013776334AAE47F0>. Acesso em: 25 dez. 2012.

AULAGNIER, P. *Um intérprete em busca de sentido* — I. Tradução de Regina Steffen. São Paulo: Escuta, 1990.

BARRÈRE, Anne. *Les lycéens au travail*: tâches objectives, épreuves subjectives. Paris: PUF, 1997.

_____. Que font-ils en classe? De l'interaction au travail. *Le Télémaque*, n. 24, p. 65-80, 2003a.

_____. *Travailler à l'école*: que font les élèves et les enseignants du secondaire? Rennes: Presses Universitaires de Rennes, 2003b.

BOURDIEU, Pierre; PASSERON, Jean-Claude. *Les héritiers*: les étudiants et la culture. Paris: éditions de Minuit, 1964.

_____; _____. *La reproduction*: éléments pour une théorie du système d'enseignement. Paris: Éditions de Minuit, 1970. [Tradução no Brasil: *A reprodução*. Rio de Janeiro: Francisco Alves, 1992.]

CERTEAU, Michel de. *A invenção do cotidiano*. Petrópolis: Vozes, 1994.

CHARLOT, Bernard. Relação com o saber e com a escola entre estudantes de periferia. *Cadernos de Pesquisa*, São Paulo, n. 97, p. 47-63, maio 1996.

_____. *Relação com o saber*: elementos para uma teoria. Porto Alegre: Artmed, 2000.

_____. *Relação com o saber, formação dos professores e globalização*: questões para a educação hoje. Porto Alegre: Artmed, 2005.

_____. A escola e o trabalho dos alunos. *Sísifo*, revista de Ciências da Educação, n. 10, p. 89-96, 2009a.

_____. *A relação com o saber nos meios populares*: uma investigação nos Liceus profissionais no subúrbio. Portugal: Legis, 2009b.

_____. A relação com o saber e a discriminação de gênero na escola. In: MARRERO, Adriana. *La universidad transformadora*. Montevidéu: Ed. Faculdad de Ciencias Sociales, Universidad de la República, 2009c. p. 161-74.

SOCIOLOGIA DO ENSINO MÉDIO

DELSAULT, Yvette. Depoimento sobre *Les héritiers*. *Tempo Social*, v. 17, n. 1, p. 211-28, jun. 2005. Disponível em: <http://www.scielo.br/pdf/ts/v17n1/v17n1a08.pdf>. Acesso em: 28 dez. 2012.

EMENDA CONSTITUCIONAL N. 59, de 11 de novembro de 2009. Disponível em: <http://www.planalto.gov.br/ccivil_03/constituicao/Emendas/Emc/emc59.htm>. Acesso em: 26 dez. 2012.

GIRARD, Alain; BASTIDE, Henri. La stratification sociale et la démocratisation de l'enseignement. *Population*, ano 18, n. 3, p. 435-72, 1963. Disponível em: <http://www.persee.fr/web/revues/home/prescript/article/pop_00324663_1963_num_18_3_10590>. Acesso em: 28 dez. 2012.

IBGE. *Síntese de Indicadores sociais*. Uma análise das condições de vida da população brasileira 2012. *Educação*, Rio de Janeiro: IBGE, 2012. Disponível em: <ftp://ftp.ibge.gov.br/Indicadores_Sociais/Sintese_de_Indicadores_Sociais_2012/pdf/educacao_pdf.pdf>. Acesso em: 26 dez. 2012.

KRAWCZYK, Nora. Reflexão sobre alguns desafios do ensino médio no Brasil hoje. *Cadernos de Pesquisa*, v. 41, n. 144, set./dez. 2011. Disponível em: <http://www.scielo.br/scielo.php?pid=S0100-15742011000300006&script=sci_arttext>. Acesso em: 26 dez. 2012.

KUENZER, Acacia Zeneida. O ensino médio no Plano Nacional de Educação 2011-2020: superando a década perdida? *Educação & Sociedade*, Campinas, v. 31, n. 112, p. 851-73, jul./set. 2010. Disponível em: <http://www.cedes.unicamp.br>. Acesso em: 26 dez. 2012.

LAUDER Hugh et al. (Orgs.). *Educating for the knowledge ecomomy?* Critical perspectives. London/New York, Routledge, 2012.

LEONTIEV, A. N. (Org.). *Linguagem, desenvolvimento e aprendizagem*. São Paulo: Ícone, 2001.

LOMÔNACO, B. *A relação com o saber de alunos da zona rural de um município da Serra da Mantiqueira*. São Paulo: Faculdade de Educação, Universidade de São Paulo, 2003. 105 p. Relatório de pós-doutorado. Supervisão de Leandro de Lajonquière.

MARTUCELLI, Danilo. *Sociologies de la modernité*: l'itinéraire du XXe siècle. Paris: Gallimard, 1999.

MEC. *Plano Nacional de Educação para o decênio 2011-2020*. Disponível em: <http://portal.mec.gov.br/index.php?option=com_content&view=article&id==16478&Itemid=1107>. Acesso em: 26 dez. 2012.

OECD. *Equity and quality in education*. Supporting Disadvantaged Students and Schools. Paris: OECD, 2012a. Disponível em: <http://www.oecd-ilibrary.org/education/equity-and-quality-in-education_9789264130852-en>. Acesso em: 25 dez. 2012.

_____. *Education at a glance 2012*. OECD Indicators. Paris: OECD, 2012b. Disponível em: <http://www.oecd.org/edu/eag2012.htm>. Acesso em: 25 dez. 2012.

_____. *Education at a glance*: OECD Indicators 2012 Brazil. Paris; OECD, 2012c. http://www.oecd.org/edu/EAG2012%20%20Country%20note%20%20Brazil.htm>. Acesso em: 25 dez. 2012.

REIS, Rosemeire. *Encontros e desencontros*: a relação de jovens/alunos do ensino médio com os saberes escolares. Tese (Doutorado em Educação) — Faculdade de Educação, Universidade de São Paulo, São Paulo, 2006. 203 p.

_____. *Processos de mobilização e/ou de desmobilização em relação aos estudos para jovens e adultos no ensino médio*. São Cristóvão: Universidade Federal do Sergipe, 2012. Relatório final de pesquisa. Pós-Doutorado em Educação. Supervisão de Bernard Charlot.

VAN ZANTEN, Agnès. *L'école de la périphérie*: scolarité et ségrégration en banlieue. Paris: Presses Universitaires de France, 2001.

WELLER, Wivian. Grupos de discussão na pesquisa com adolescentes e jovens: aportes teórico-metodológicos e análise de uma experiência com o método. *Educação e Pesquisa*, São Paulo, v. 32, n. 2, p. 241-60, maio/ago. 2006.

EFEITOS DA CONCORRÊNCIA SOBRE A ATIVIDADE DOS ESTABELECIMENTOS ESCOLARES*

Agnès van Zanten

O estudo dos estabelecimentos escolares desenvolveu-se de maneira importante desde os anos 1970 nos Estados Unidos, na Inglaterra, em vários outros países europeus, e, mais tardiamente, na França, a partir dos anos de 1980 (King, 1983; Derouet, 1987; Talbert e MacLauglin, 1996). No entanto, a maioria desses estudos — tanto aqueles baseados em métodos quantitativos quanto em métodos qualitativos, e não importando qual seja o objeto de estudo, a organização escolar, as relações profissionais ou os resultados dos alunos — tende a analisar os estabelecimentos como objetos isolados e independentes uns dos outros. A perspectiva que desejamos adotar aqui é outra, uma vez que a hipótese central que ora nos interessa concerne aos efeitos da interdependência entre estabelecimentos escolares sobre suas atividades. Tal interdependência implica a existência de relações diretas

---

* Este artigo foi publicado em *Cadernos de Pesquisa*, v. 35, n. 126, p. 565-593, set./dez. 2005.

ou indiretas entre estabelecimentos de uma mesma zona, relações que podem ser de três tipos, dependendo do fator predominante quanto à regulação: o Estado, o mercado ou a comunidade, como ocorre em outros setores da vida social (Maroy e Dupriez, 2000). No primeiro caso, predominam as relações burocráticas, ainda que atualmente ocorram novas formas de regulação estatal que remetem a um regime pós-burocrático (Duran, 1999; Van Zanten, 2004b). No segundo caso, é o princípio de concorrência que tem um papel central, enquanto no terceiro predomina a colaboração.

Neste capítulo, vamos enfatizar as interdependências da competitividade ou, em termos mais simples, a concorrência entre estabelecimentos. Isso não quer dizer que os outros modos de regulação não sejam operantes. Se na nossa argumentação neste trabalho, como na maior parte da literatura, a colaboração entre escolas parece pouco importante, salvo quando se trata de uma colaboração forçada pela administração ou de uma colaboração que tem como objetivo principal a formação de coalizões competitivas (por exemplo, entre escolas públicas contra escolas privadas), a regulação burocrática ou pós-burocrática é central em todos os sistemas. Já pudemos estudá-la em detalhe, em *Recherches sociologiques* (2004). Além disso, a concorrência que estudamos aí é aquela regulada direta ou indiretamente pelas regras formais e pela atividade das administrações educacionais, razão pela qual não utilizamos a expressão "mercado educacional", mas "quase-mercado", expressão comumente utilizada na literatura, principalmente a de língua inglesa, sobre o tema (Bartlett, 1993; Walford, 1996; Whitty e Halpin, 1996). Para analisar a concorrência real é necessário investigar simultaneamente um conjunto de estabelecimentos cuja proximidade e cujo vínculo a uma autoridade educativa comum deixa supor uma relação de interdependência (Yair, 1996). Porém, é também necessário estudar estabelecimentos ocupando posições diferentes tanto na hierarquia local (segundo as características acadêmicas e sociais do alunado), quanto no "quase-mercado" (segundo o grau de atração).

A partir dessas dimensões é que foram eleitos os espaços e os estabelecimentos que analisamos aqui. Trata-se de seis locais em cinco

SOCIOLOGIA DO ENSINO MÉDIO

países europeus, como já foi explicitado. E, em todos os casos, de zonas urbanas caracterizadas por uma diversidade maior ou menor da população e dos estabelecimentos escolares ou, pelo menos, dos estabelecimentos de ensino médio, que foram o objeto principal do estudo.

O trabalho foi realizado no âmbito de um estudo mais amplo sobre as mudanças nos modos de regulação dos sistemas educativos na Europa e seu impacto sobre as desigualdades de educação (Maroy, 2004), financiado pela União Europeia. Coordenado nos diversos contextos locais por seis equipes diferentes de pesquisadores, sob a direção de Bernard Delvaux e minha, compreendeu a coleta de dados estatísticos e de informações diversas sobre o contexto urbano, sobre as administrações da educação local e sobre os estabelecimentos, assim como entrevistas em cada estabelecimento, no mínimo, com o diretor e, na maioria dos casos, com diversos atores (professores, outras categorias de pessoal, pais e alunos). Isso produziu seis monografias locais que serviram para elaborar um estudo comparativo (Delvaux e Van Zanten, 2004).

Concorrência entre escolas: fenômeno universal ou condicionado?

A concorrência é um fenômeno comum a todos os contextos escolares? Sob determinado ponto de vista teórico, a concorrência é uma dimensão que diz potencialmente respeito a todas as organizações cuja atividade se inscreve necessariamente em um meio institucional (Meyer e Rowan, 1978). Ainda que esse fenômeno tenha sido menos analisado nas escolas do que em outras organizações, um estudo global da literatura mostra que, na maioria dos sistemas educacionais, a concorrência entre escolas se desenvolve em razão do impulso de políticas de autonomia dos estabelecimentos e da livre eleição da escola pelos pais, mas também em razão do desenvolvimento parcialmente autônomo de estratégias educacionais mais ambiciosas por parte dos pais (Van Zanten, 2002b). No entanto, de um ponto de vista concreto, a existência de fenômenos de concorrência e de seus graus mais ou menos elevados depende de uma série de condições. Deve-se primeiro considerar os fatores que estimulam os estabelecimentos a competir, relacionados às características de seu entorno social e institucional, mas também é preciso levar em conta os fatores que permitem aos estabelecimentos participar da concorrência e que têm que ver com certas características do contexto político e de sua organização interna.

Por que competir? Fatores que estimulam a concorrência

A maioria dos trabalhos sobre a concorrência entre estabelecimentos escolares mostra que as escolas competem não tanto para melhorar a produtividade interna, mas principalmente para, por um lado, manter a atividade cotidiana da organização e as condições de trabalho dos profissionais e, se possível, melhorá-las; por outro, para manter a posição do estabelecimento no "quase-mercado" local (Gewirtz, Ball e Bowe, 1995; Van Zanten, 2001). Dadas essas premissas, observa-se logicamente que a concorrência entre escolas se organiza principalmente em torno dos alunos. Em primeiro lugar, a diminuição do número de alunos — excluindo aqui entretanto os casos extremos que conduzem ao fechamento dos estabelecimentos — acarreta geralmente uma diminuição dos outros recursos materiais e humanos de que se dispõe e induz a toda uma série de perturbações que a maioria dos estabelecimentos trata de evitar. Em segundo lugar, como já mostraram vários sociólogos que se interessaram pelos professores, nesse tipo de profissão em que predominam as relações, as condições de trabalho e as satisfações profissionais estão estreitamente ligadas não só às características acadêmicas mas também àquelas sociais dos alunos, tanto que é até possível evocar uma "segmentação profissional" baseada no perfil do alunado no contexto de trabalho. As posições profissionais mais prestigiosas dependem da qualidade dos alunos, o que explica que se desenvolvam "carreiras horizontais" dos estabelecimentos mais desfavorecidos aos mais favorecidos (Becker, 1952; Bucher e Strauss, 1961).

Por último, é também a qualidade suposta do alunado, não necessariamente a real, que aparece como o fator dominante na reputação e capacidade de atração de um estabelecimento escolar do ponto de vista dos pais. Isso se deve ao caráter abstrato da atividade educativa. A educação é um bem intangível que afeta o indivíduo de muitas maneiras diferentes, cujo impacto não é fácil detectar a curto prazo, nem medir de forma precisa (referência). Essa dimensão intrínseca da atividade é acentuada pela opacidade do processo educativo que tem lugar detrás das portas da classe, fora do alcance da mirada crítica dos colegas, do diretor e, evidentemente, dos pais. A informação filtrada para o exterior é bastante limitada, mesmo nos sistemas educativos mais abertos. Por causa da ausência de elementos precisos de informação sobre a qualidade do trabalho professoral — e da desconfiança com relação aos instrumentos supostamente objetivos, apresentados pelas administrações educacionais ou por estabelecimentos como os "ranqueados" na Inglaterra — é o capital econômico, cultural e social dos alunos que mostra para o exterior a qualidade de uma escola (Ballion, 1990; Ball e Vincent, 1998).

A partir desses elementos é possível distinguir duas séries de condições que favorecem a concorrência, ou melhor, dois tipos de concorrência entre os estabelecimentos, que podemos chamar de primeira e de segunda ordem. A concorrência de primeira ordem é a que surge de uma diminuição da demanda de educação, devida seja a fatores demográficos ou ao desinteresse por um tipo de oferta educacional. Um fator essencial que condiciona o grau mais ou menos elevado desse tipo de concorrência é, portanto, o número de alunos potenciais em uma zona em relação à capacidade de recepção de cada estabelecimento. Capacidade que não constitui, entretanto, um fator puramente objetivo, pois alguns estabelecimentos autolimitam deliberadamente o número de alunos enquanto outros ultrapassam também deliberadamente os limites oficiais e às vezes materiais. Essa concorrência depende ademais das regras e normas que as autoridades educativas locais impõem, mas depende, sobretudo, da existência ou não de políticas de livre escolha da escola pelos pais. Nas zonas que estudamos, a concorrência de primeira ordem aparecia como muito importante no distrito de Kobanya, Budapeste, em razão da baixa demográfica e da grande autonomia das escolas e dos pais no que se refere às práticas de matrícula.

A concorrência de segunda ordem é aquela que surge entre estabelecimentos para atrair os alunos vistos como os melhores em relação a suas características acadêmicas e sociais. As condições que determinam o grau de concorrência desse tipo são, portanto, de duas classes. Em primeiro lugar, para que surja esse tipo de concorrência deve haver uma diversidade acadêmica e social relativa entre o alunado potencial. Essa diversidade existia em todas as zonas que analisamos no estudo comparativo, embora houvesse variações importantes entre elas, já que se trata de zonas urbanas caracterizadas por uma mescla de grupos sociais. Em segundo lugar, esse tipo de concorrência supõe que não exista um sistema que distribua autoritariamente os alunos entre as escolas, em razão de suas características. Esse sistema existia só do ponto de vista oficial em Hackney, distrito de Londres, onde as autoridades locais, para limitar os efeitos negativos da livre escolha que existia anteriormente, criaram um sistema chamado *banding*, que distribui os alunos segundo seu nível acadêmico entre as escolas. No caso francês, contudo, tanto na zona próxima a Paris como em Lille, a existência de setores escolares situados em zonas urbanas mais ou menos segregadas contribui para dar a cada escola pública um público social e, em grande parte, academicamente, diferente. Mesmo assim, os estabelecimentos conseguiam, entretanto, obter certa margem de liberdade para desenvolver uma concorrência limitada entre eles.

A intensidade maior ou menor da concorrência de primeira ou segunda ordem deve ser também relacionada com a maneira pela qual se distribuem os recursos materiais e humanos entre os estabelecimentos, segundo os contextos locais e os países. O estudo realizado mostra claramente que essa concorrência tende a ser muito mais elevada nos sistemas nos quais os recursos financeiros alocados pelas autoridades educativas dependem do número de alunos que cada escola possua, como na Bélgica e na Inglaterra, ou da presença de certas categorias de alunos, como na Hungria, onde as escolas que atendem a um número importante de crianças e jovens da minoria cigana recebem recursos específicos. Ao contrário, na França e em grau maior em Portugal, onde os recursos não estão diretamente ligados ao número de alunos (por exemplo, os professores não são deslocados dos estabelecimentos nem demitidos se o número de alunos diminui), a concorrência, pelo menos a de primeira ordem, parece muito mais leve e, em Portugal, é quase inexistente.

Os estabelecimentos também competem para obter recursos outros além dos alunos, tais como opções mais ou menos prestigiosas ou professores mais qualificados, bem como um pessoal de apoio mais importante. Entretanto, na maioria dos casos observa-se que essa concorrência está estreitamente ligada à concorrência por alunos. Assim, na Bélgica e na França (tanto em Lille como na zona próxima de Paris), observamos, por exemplo, que a concorrência entre escolas para obter certas opções depende do tipo de público que desejam manter ou atrair, por exemplo, alunos da classe média ou da classe alta, ou alunos pertencentes a camadas "tradicionais" ou "modernas" da classe média ou alta. Do mesmo modo, no distrito de Budapeste, na Hungria, a concorrência por um pessoal especializado de apoio existia somente entre estabelecimentos que acolhiam um público com dificuldades, proveniente principalmente da classe baixa e das minorias étnicas.

As características do meio social e institucional e os modos de regulação dos sistemas educativos locais não explicam, contudo, todas as orientações. Em uma área tão carregada de conteúdo ético como a educação, é necessário levar em conta também a influência dos valores. Esses valores dependem em parte do contexto nacional. Na Inglaterra, por exemplo, desde o início dos anos 1980 está sendo difundida uma ética "empresarial" no sistema de educação e, de maneira mais acentuada ainda, visando aos diretores das escolas que favorecem e recompensam as condutas competitivas. Na Bélgica, o princípio de liberdade do ensino afirma-se com muito mais força que na França, onde ele compete mais ativamente com o valor da igualdade, o que explica por que a concorrência é mais aberta no primeiro caso e mais oculta no segundo. Mas os valores dependem também das características dos centros, por exemplo, pertencer ao setor público ou privado, o tipo de aluno que os frequenta. A concorrência aparece como um valor apreciado mais pelas escolas privadas, que existem graças à liberdade de ensino, embora possa ser contido por outros valores religiosos concorrentes, como a fraternidade. É também mais defendida pelas escolas de "excelência" do que pelas escolas que recebem alunos provenientes dos setores mais desfavorecidos da sociedade (Ball e Van Zanten, 1998).

Como competir? Fatores que facilitam a concorrência

Para poder competir, os estabelecimentos escolares devem, no entanto, dispor de certa margem de autonomia em relação às autoridades educativas locais e nacionais. Na maioria dos sistemas de ensino atuais, ou os estabelecimentos dispõem já legalmente de uma margem de ação mais ou menos importante ou a obtêm no marco de diversas políticas de descentralização. A esse respeito existem, não obstante, diferenças importantes entre os sistemas no plano legal, pois tanto o grau de descentralização (total ou parcial) quanto os setores afetados pela descentralização (o recrutamento de alunos, a contratação, a gestão e a avaliação dos professores, a determinação dos conteúdos e dos métodos de ensino...) apresentam significativa variação de um país para outro (Mons, 2004). Essas diferenças são ainda mais evidentes no plano da atividade cotidiana das escolas, já que outro fator de variação relevante entre os países e entre os contextos locais é o grau de controle efetivo que podem e desejam exercer as autoridades locais da educação sobre o funcionamento dos estabelecimentos.

Desse ponto de vista, observam-se variações significativas entre os contextos estudados. Num dos extremos encontra-se a zona de

Oeiras, perto de Lisboa, em Portugal. Nesse caso, a autonomia dos estabelecimentos é bastante limitada. O discurso dominante é de autonomia relativa e de negociação permanente entre as autoridades educativas locais e as escolas, facilitada pelo fato de que a maioria dos responsáveis pela administração começa suas carreiras como professores. Não obstante, na realidade, o sistema é regulado essencialmente de maneira burocrática. No outro extremo, encontram-se Charleroi, na Bélgica, e Budapeste, na Hungria. O primeiro corresponde ao caso dos estabelecimentos que pertencem a diferentes "redes" (a "rede" privada, a "rede" estatal e a "rede" municipal), mas que se coordenam muito pouco entre si, dispondo historicamente — em relação ao princípio fundamental da liberdade de ensino — de uma grande autonomia legal quanto à matrícula de alunos, ao contrato de professores e à orientação pedagógica. Na Hungria, é sobretudo a incapacidade da municipalidade de regular a atividade dos estabelecimentos que explica a autonomia da qual dispõe de fato a maioria das escolas na área estudada.

Os outros três contextos analisados — o *borough* de Hackney na Inglaterra, Lille e a zona próxima a Paris — situam-se entre esses dois extremos. Em Hackney, os estabelecimentos parecem dispor, à primeira vista, de grande autonomia organizacional, sobretudo na área da oferta de opções educativas e de cursos. A realidade, no entanto, mostra que essa é uma autonomia forçada pela pressão das autoridades educativas locais e pela necessidade de obter financiamentos externos, o que leva as escolas a aderir, explícita ou implicitamente, a uma norma geral do que constitui um "bom" estabelecimento escolar (Ball e Van Zanten, 1998).

Na França, nos contextos estudados, as mesmas regras uniformes — baseadas num controle central do currículo e da gestão do professorado e num controle local da matrícula dos alunos e da oferta de opções educativas — aplicam-se formalmente a todos os estabelecimentos públicos. No entanto, na prática, os aspectos que as autoridades locais controlam são objeto de diversas negociações, "acertos" com a regra e tolerância em relação a certas infrações, o que alguns sociólogos têm chamado de o "poder periférico" (Grémion, 1976) ou "regulação cruzada" (Crozier e Thoenig, 1976). Ademais, é importante assinalar que os estabelecimentos escolares privados, que participam ativamente da concorrência, não obedecem às mesmas regras, pois, se compartilham os mesmos conteúdos de ensino que os estabelecimentos públicos, têm, no entanto, autonomia muito maior em tudo o que concerne ao contrato e à gestão dos professores, à matrícula dos alunos e à oferta de opções educativas e atividades.

Além da autonomia, é importante assinalar que a capacidade dos estabelecimentos de elaborar e implementar estratégias competitivas ainda assim depende da existência de certo consenso entre os pontos de vista dos diferentes grupos e do potencial de mobilização coletiva. Nesse sentido, existem diferenças importantes entre as escolas que analisamos, porém essas diferenças têm a ver tanto com as características dos contextos nacionais e locais quanto com as características internas das escolas (tipos de alunos, posição na hierarquia e nos "quase-mercados" locais, caráter público ou privado...). Podem assim existir estabelecimentos escolares situados em contextos que exercem uma forte pressão com vista a uma concorrência de primeira ou de segunda ordem, que dispõem da autonomia necessária para desenvolver estratégias que lhes permitam conservar ou elevar sua posição, mas no interior dos quais existem divergências ou conflitos tão importantes que a mobilização coletiva se revela impossível.

Ao contrário, existem também estabelecimentos que não sofrem pressões tão importantes ou que dispõem de autonomia limitada, porém que se mobilizam fortemente em torno de um projeto comum graças à existência de convergências implícitas, socialmente determinadas, ou à construção explícita de um consenso coletivo. O papel dos valores que evocamos aparece aqui como essencial, e explica a mobilização importante de estabelecimentos privados e de algumas escolas com altas porcentagens de alunos em situação de fracasso escolar que se sentem investidos de uma "missão". Em muitos casos, constata-se, no entanto, que para desenvolver estratégias não é indispensável que exista um grau elevado de consenso. Basta que exista uma repartição de responsabilidades. Os professores podem expressar verbalmente seu desacordo com as estratégias competitivas do estabelecimento, sobretudo aquelas dirigidas ao exterior, porém, na prática, muitos deles se satisfazem em delegar ao diretor uma atividade que lhes parece moralmente criticável, mas da qual podem retirar importantes benefícios profissionais.

Para concluir esta parte, é sem dúvida essencial ressaltar que a autonomia — legal ou conquistada na prática — e a capacidade de mobilização dos estabelecimentos que recebem alunos com dificuldades escolares e das classes baixas são raramente suficientes para permitir-lhes competir com as escolas que recebem alunos de alto nível escolar e de classe média ou alta. Isso se deve em parte ao fato, já comentado, de que os pais e a opinião pública estabelecem uma relação direta entre as "qualidades" dos alunos e as "qualidades" de uma escola. Deve-se também à incapacidade de a maioria dessas escolas, submersas em todos os tipos de problemas,[1] produzir melhoramentos e "acrescentar valor" ao ensino, ao contrário do que delas esperam as autoridades da educação (Thrupp, 1999; Van Zanten et al., 2002).

Estratégias setoriais das escolas: voltadas para o exterior e para o interior

Para examinar as estratégias dos estabelecimentos escolares de maneira mais detalhada do ponto de vista qualitativo é necessário interessar-se por seu conteúdo, distinguindo diferentes setores de ação. Embora a maioria das estratégias desenvolvidas pelas escolas esteja sustentada por objetivos variados, é possível classificá-las de maneira esquemática em dois tipos: as voltadas predominantemente para o exterior ou voltadas predominantemente para o interior. No primeiro

---

1. Aos problemas de aprendizagem, disciplina, reputação, somam-se frequentemente grande rotatividade de professores, atraídos por esse tipo de escola, e participação pequena dos pais, pouco disponíveis e menos dotados de recursos econômicos, culturais e sociais.

caso, as estratégias buscam principalmente modificar as condições do entorno local que influenciam o funcionamento dos estabelecimentos escolares, ou seja — de maneira novamente esquemática e não exaustiva —, modificar as características dos usuários, que são geralmente parte do entorno social, e sua relação com os outros estabelecimentos escolares que formam o entorno institucional. No segundo caso, as estratégias tentam principalmente modificar as condições internas que influenciam o funcionamento dos estabelecimentos, isto é, a organização das classes e dos grupos, da aprendizagem e da disciplina. Analisaremos aqui quatro tipos de estratégias, duas externas e duas internas, que escolhemos não só em razão de sua importância em todos os contextos nacionais, mas também pela possibilidade de comparar os dados coletados.

Estratégias de melhoria da posição dos estabelecimentos em relação ao contexto exterior: matrícula dos alunos e oferta educacional

Dada a importância do número e das características do alunado para o bom funcionamento interno e para a posição externa dos estabelecimentos, não é surpreendente constatar que muitas escolas se mobilizem para conservar ou atrair novos alunos, sobretudo aqueles que possuem as características acadêmicas ou sociais mais desejadas, mediante estratégias diversas de matrícula. Essas estratégias geralmente levam em conta fatores materiais e simbólicos internos, principalmente o número de vagas disponível segundo o tamanho das salas de aula e do estabelecimento e o grau de tolerância dos professores em relação a classes mais ou menos lotadas, bem como a certos tipos de aluno. Mas essas estratégias devem, sobretudo, situar-se com relação a fatores externos, como as regras de matrícula vigentes em cada contexto local ou nacional e as estratégias dos pais, principalmente dos mais predispostos a escolher as escolas, ou seja, os pais de classes médias e superiores.

Nossa pesquisa permitiu-nos distinguir diferentes estratégias de matrícula entre os estabelecimentos, dependendo dos contextos nacionais e também da posição na hierarquia e nos "quase-mercados" locais de cada escola. Analisemos primeiro o que se observa nos países em que os pais dispõem de uma liberdade importante para escolher a escola dos filhos. Na Hungria existe de fato um "quase-mercado" escolar muito aberto, o qual leva todos os estabelecimentos que estudamos em Budapeste a lutar para atrair novos alunos, mas mediante estratégias diferentes. Os estabelecimentos com mais capacidade de atração desenvolvem estratégias elitistas voltadas para alunos de melhor nível acadêmico e social, mas como o número de alunos que corresponde a esse perfil é reduzido no distrito de Kobanya, muitos outros preferem manter uma política de matrículas mais aberta para manter ou aumentar a clientela. Por razões éticas, algumas escolas recusam todo tipo de seleção no momento da matrícula. Em Charleroi, na Bélgica, onde a livre escolha da escola é uma realidade histórica, observamos três tipos de estratégia: os estabelecimentos mais reputados mobilizam-se pouco quanto à matrícula, já que o nível elevado da demanda e os critérios de entrada produzem uma autosseleção por parte dos pais. Outros estabelecimentos, menos populares, praticam uma seleção de tipo comportamental, ou seja, mais que os resultados escolares, levam em conta a motivação e a disciplina dos alunos, assim como a participação dos pais. Por último, as escolas mais frágeis, do ponto de vista da demanda, aceitam quase todos os alunos que pleiteiam matrícula.

Vejamos agora as estratégias de matrícula que os estabelecimentos desenvolvem nos contextos nacionais que limitam mais ou menos diretamente as possibilidades de escolha dos pais. Em Hackney, Londres, os estabelecimentos estão lotados em virtude do desenvolvimento do mercado imobiliário, por isso sua capacidade de seleção foi limitada pela autoridade local de educação, que deixa os pais expressarem suas opções de maneira hierarquizada, mas logo as canaliza para evitar que algumas escolas se apropriem dos melhores alunos. No entanto, os estabelecimentos mais populares lutam por reter os alunos cujos pais os indicaram como primeira alternativa, enquanto os menos populares devem contentar-se com aqueles que os situam em segundo ou terceiro lugar. Em Lille e na zona próxima a Paris, o mais notável é a diferença entre o setor público e o privado. No público, os estabelecimentos devem respeitar regras estritas de matrícula, mas a existência de uma demanda por parte dos pais da classe média e alta incita as escolas mais populares a infringir essas regras de maneira legal ou ilegal. No setor privado, os estabelecimentos de melhor reputação exercem uma seleção com base nos resultados acadêmicos, e os outros, como na Bélgica, em função de características comportamentais. Quanto a Oeiras, a municipalidade próxima a Lisboa, a seleção dos alunos pelas escolas mostra-se muito limitada, embora nem todos os pais respeitem a "carta escolar" estabelecida pela administração.

As estratégias de matrícula combinam-se frequentemente com estratégias em outra área, a da oferta de opções educativas, que participa também de lógicas de ação voltadas para o exterior. Tal como as estratégias de matrícula, mas de maneira ainda mais forte, essas estratégias de oferta estão condicionadas pelas regras institucionais que emanam das autoridades locais de educação, porém, como o objetivo é frequentemente atrair novos alunos, também se orientam pelos desejos explícitos — ou supostos pelos diretores e professores — dos jovens e de seus pais. Intervém também na elaboração dessas estratégias, e de maneira decisiva na maioria dos casos, a análise mais ou menos detalhada que os estabelecimentos realizam das estratégias de outros estabelecimentos que formam parte do entorno institucional, o que alguns pesquisadores chamaram de *scanning* institucional" (Bagley, Woods e Glatter, 1996). Isso leva certas escolas a imitar os estabelecimentos que consideram como seus concorrentes, enquanto outras desenvolvem projetos divergentes ou opostos dentro de uma lógica de diversificação e especialização, que pode dar lugar à constituição de nichos educacionais.

De novo observamos importantes variações entre os estabelecimentos e os países. O exame dos contextos em que as políticas de educação nacionais e locais favorecem a diversificação da oferta educativa mostra que é no distrito de Hackney, em Londres, que existe a

SOCIOLOGIA DO ENSINO MÉDIO

mais importante especialização dessa oferta, já que se trata de uma orientação impulsionada pelas autoridades locais e nacionais e que permite aos estabelecimentos não somente atrair alunos com um perfil específico, como também receber financiamentos provenientes de empresas ou fundações privadas. Mas a especialização é também importante em Kobanya, onde o controle municipal sobre a oferta de educação parece relativamente ineficaz. Para atrair alunos de bom nível escolar e social, certos estabelecimentos criaram classes bilíngues, classes com horários reforçados de Matemática ou classes que preparam para os liceus.[2] Para obter financiamentos complementares das autoridades locais de educação ou de fundações privadas, outras escolas criam classes específicas para os alunos com dificuldades escolares. Muitas vezes, as escolas combinam essas duas estratégias, o que dá lugar a uma grande diversidade interna.

Se mudarmos o enfoque em direção aos países nos quais existe um controle moderado da oferta educacional, observamos que na zona de Charleroi, na Bélgica — na qual a repartição das opções é negociada nos conselhos de zona por estabelecimentos que, no entanto, conservam um grau elevado de autonomia nessa área —, coexistem quatro orientações: 1. certos estabelecimentos tratam de preservar uma oferta elitista, compreendendo a manutenção de opções como latim, grego ou matemática avançada para atrair as frações superiores e mais tradicionais da classe média e alta; 2. outros tratam de modernizar sua oferta para atrair novas frações de alunos de classe média e alta; 3. outras escolas, mais frágeis do ponto de vista de sua capacidade de atração, tratam de conquistar novos mercados graças à abertura de opções da moda, atraindo muitos alunos de diferentes níveis escolares e sociais; 4. por fim, certas escolas mantêm sempre a mesma oferta que, sem ser de excelência, permite-lhes reter certas categorias de alunos.

Na França e em Portugal, o controle burocrático sobre a oferta educacional é importante, porém as estratégias dos estabelecimentos

---

2. Liceus: escolas de nível médio que dão acesso à universidade (N. da E.).

são diferentes em virtude do grau de pressão, direta ou indireta, exercido pela administração, pelos pais e pelos professores, em favor de uma educação de tipo elitista, tradicional ou renovada. Assim, na França, como na Bélgica, observa-se que, na parte mais elevada da hierarquia escolar local, certas escolas de excelência mantêm uma oferta tradicional, enquanto outras, que desejam melhorar ainda mais sua posição, implantam novas opções: idiomas modernos, "raros", como russo, chinês ou japonês, classes bilíngues europeias, classes com horários especiais para música, dança ou esporte. Na parte mais baixa da hierarquia local, as escolas desenvolvem sobretudo uma oferta baseada nos diferentes recursos que oferecem atualmente as políticas de discriminação positiva. Em troca, na zona estudada perto de Lisboa, a diversificação educacional, se bem que não totalmente limitada pela administração, mostra-se muito moderada em virtude da ausência de pressão por parte dos pais. Essa diversificação está ademais concentrada na parte baixa da hierarquia, já que são as escolas que acolhem os alunos das classes baixas que propõem "currículos alternativos" de orientação profissional para alunos com dificuldades escolares e que não pretendem continuar seus estudos gerais.

Estratégias de organização interna: constituição das classes e gestão da disciplina

Uma das estratégias internas mais importantes, que produz também certos efeitos no exterior em alguns contextos nacionais, é a constituição das classes. O agrupamento dos alunos segundo um princípio de heterogeneidade ou segundo certas características acadêmicas — associadas geralmente a outras características sociais — condiciona de maneira direta o trabalho dos professores.

Estes tendem a preferir as classes de nível elevado que obtêm melhores resultados, embora alguns professores jovens declarem que as classes heterogêneas são mais interessantes do ponto de vista pedagógico (Rayou e Van Zanten, 2004). Os agrupamentos também

SOCIOLOGIA DO ENSINO MÉDIO

condicionam os resultados globais do estabelecimento e, em grande parte, o "clima" em matéria de disciplina, servindo ainda como "sinaleiros" para os pais, sobretudo nos sistemas em que a diversificação por meio de opções oficiais é limitada pelas autoridades locais, e nas escolas cujos usuários possuem níveis acadêmicos diferentes e pertencem a meios sociais heterogêneos (Van Zanten, 2002a, 2003).

Essa estratégia tem muita importância em nosso estudo no distrito de Kobanya, na Hungria, e nas zonas de Lille e da região de Paris. Na Hungria, a hierarquia entre as escolas, embora exista, desloca-se cada vez mais para uma hierarquia interna de cada estabelecimento, onde coexistem, de maneira oficial, classes "de elite" para alunos de nível acadêmico alto ou médio e classes comuns ou com programas específicos para alunos com dificuldades. Este último tipo de classe desenvolveu-se visando beneficiar-se de subvenções financeiras no âmbito de ações de "discriminação positiva", mas também em virtude da especialização crescente do pessoal que trabalha nas escolas. Uma parte do professorado tem realmente uma formação especial, sendo que colaboram também na escola fisioterapeutas, ortodontistas, logopedistas, não somente de maneira pontual mas também em classes classificadas, de certo modo, como "com problemas". Na França, os agrupamentos de acordo com o rendimento dos alunos estão formalmente proibidos, mas são praticados por um número crescente de estabelecimentos de ensino médio, sobretudo aqueles que, situados em zonas urbanas heterogêneas, temem perder os alunos da classe média com bons resultados escolares e criam para eles classes de "bom nível". Também se desenvolvem, como na Hungria, classes especializadas, às vezes oficiais, para alunos com problemas escolares, como as "classes de ajuda e apoio", as "classes de projetos", graças a financiamentos específicos do Estado ou dos conselhos departamentais ou municipais, principalmente em zonas decretadas como "zonas de educação prioritárias" ou "zonas sensíveis" com problemas de violência urbana e escolar (Van Zanten, 2001).

Em contrapartida, nos contextos nacionais e locais nos quais as escolas não tiram proveito financeiro (como na Hungria) da presença de alunos com problemas, a constituição das classes não se reveste de muita importância nos contextos em que existe a possibilidade de uma diversificação oficial interna, nos quais os agrupamentos por opções são geralmente agrupamentos por níveis de rendimento. No entanto, na Inglaterra, à parte as opções oficiais artísticas, científicas ou técnicas, que propõe cada estabelecimento, desenvolvem-se também, sob a pressão das autoridades de educação locais e dos pais da classe média, novas classes especiais para alunos "com capacidades e talentos" em detrimento da atenção aos alunos com dificuldades. Um caso interessante é também o de Oeiras, em Portugal. Se o princípio de classes heterogêneas é geralmente respeitado pelas escolas — embora se observem algumas classes que agrupam alunos com bons resultados ou com dificuldades ou então filhos de professores —, existe uma forma de segregação original que se observa também na América Latina, ligada à existência de dois turnos nas escolas. O turno da manhã é mais frequentemente escolhido pelos pais da classe média, para que seus filhos possam participar de atividades extraescolares organizadas geralmente à tarde, o que faz com que o segundo turno concentre muito mais alunos das classes baixas com dificuldades.

Outra série de estratégias importantes para a organização interna dos estabelecimentos, mas que também pode ser utilizada para melhorar a imagem externa, está ligada à gestão dos problemas de disciplina e à manutenção da ordem escolar. As estratégias nessa área variam em certa medida entre os países, porém ainda mais entre os estabelecimentos no interior de um mesmo país e de uma mesma zona. Nos colégios que acolhem majoritariamente alunos das classes média e alta, os problemas de disciplina não se mostram centrais, já que os alunos interiorizaram amplamente as normas de civilidade da escola média, graças à família e à socialização em escolas primárias do mesmo tipo. Os casos desviantes são tratados, em geral, com a aplicação de sanções formais inscritas no regulamento escolar e a comunicação estreita com os pais. Essa ausência de problemas de disciplina tem um impacto importante na imagem dos estabelecimentos e é um dos fatores decisivos que intervêm na escolha de escolas privadas, reputadas

SOCIOLOGIA DO ENSINO MÉDIO

como mais estritas e mais eficazes nessa área em países como a França. Na Inglaterra é também esse fator que conduz certo número de pais a preferir as escolas não mistas para as meninas.

A luta contra os problemas de disciplina ocupa uma parte importante da atividade dos estabelecimentos mais heterogêneos. O objetivo dessas escolas na maioria dos países é duplo, já que se trata, por um lado, de encontrar novas maneiras de manter uma ordem escolar, que em geral é mais problemática nos estabelecimentos frequentados principalmente pelas camadas superiores da sociedade, e, por outro, de tranquilizar os pais, que enviam seus filhos para esse tipo de escola com certa inquietação. Mas é óbvio que os problemas de disciplina são sobretudo centrais nas escolas que concentram alunos das classes baixas com dificuldades escolares. Nem todas essas escolas são capazes de desenvolver estratégias nessa área. Muitas delas não conseguem desenvolver ações coerentes, já que a amplitude dos problemas, a rotatividade dos alunos e dos professores e a ausência de apoio ou o apoio distante dos pais impedem a escola de elaborar um sistema coerente de normas e regras e de aplicá-las de maneira sistemática. Nesse caso, o que se observa geralmente é a multiplicação de sanções pouco eficazes e diversas formas de exclusão, seja no interior do estabelecimento, seja no exterior, chegando a diferentes modalidades de gestão dos desvios, que muitas vezes culminam na expulsão definitiva do aluno.

Nos estabelecimentos que concentram alunos com problemas desse tipo, mas que conseguem alguns resultados positivos, três estratégias principais foram observadas nos diferentes contextos locais e nacionais. Certas escolas, sobretudo em Lille e na zona próxima a Paris, desenvolvem estratégias de tipo "carismático", já que se baseiam na expressão da autoridade e presença ativa tanto do diretor quanto do pessoal encarregado da disciplina, na entrada e saída do colégio, nos pátios, no recreio. Nesse caso, os professores parecem menos envolvidos. Outras escolas nesses dois contextos, mas também em Charleroi na Bélgica e em Hackney na Inglaterra utilizam sobretudo novos procedimentos baseados na comunicação e na negociação com os alunos, bem como a implementação de "contratos" morais. Esses procedimentos exigem um grau mais elevado de consenso entre as diferentes categorias de pessoal que trabalham nos estabelecimentos e se inscrevem, às vezes, no âmbito de políticas de educação impulsionadas pelas autoridades locais. Por último, em alguns estabelecimentos franceses e belgas e em muitos colégios húngaros estudados, observa-se um tratamento "terapêutico" dos problemas de disciplina, recorrendo-se a diferentes especialistas dentro e fora dos centros escolares. Esse procedimento deve ser visto no quadro de um discurso de inclusão, porém também de exclusão suave dos alunos pertencentes às classes baixas e a minorias étnicas em muitos colégios que concentram alunos das classes baixas. Contudo, essa orientação terapêutica também se explica pela segmentação profissional da atividade educativa, cuja causa principal é a recusa, por parte dos professores, de uma extensão de suas funções tradicionais de transmissão de conhecimentos. Aparecem assim, nos estabelecimentos escolares na França, os conselheiros de educação e as assistentes sociais escolares e, na Hungria, novos especialistas da proteção à criança. A isso, acrescente-se a multiplicação de especialistas em psicologia e em psiquiatria, que intervêm na escola ou fora dela para tratar individual ou coletivamente dos problemas dessas crianças.

Estratégias globais: a influência da posição na hierarquia e no "quase-mercado" local da educação

Na apresentação das estratégias setoriais das escolas nos seis contextos estudados, temos enfatizado a importância da posição dos estabelecimentos na hierarquia local segundo as características acadêmicas e sociais de seus alunos e segundo sua posição no "quase-mercado" local, ou seja, estabelecimentos atraentes ou, ao contrário, evitados ou que correm o risco de ser evitados pelos alunos da classe alta e média com bons resultados. Nesta seção, tratamos de sistematizar tais relações, propondo quatro tipos ideais, que resumimos a seguir:

QUADRO 1
Estratégias dos estabelecimentos e posição na hierarquia e no "quase--mercado" locais

Posição hierárquica. Posição no "quase-mercado".	"Quase-mercado" percebido como fechado ou estável.	"Quase-mercado" percebido como aberto e instável.
Posição percebida como alta ou média alta.	Tirar proveito da posição.	Conquistar novas posições.
Posição percebida como baixa ou média baixa.	Adaptar-se à situação.	Modificar a imagem assim como a realidade.

É necessário enfatizar no entanto que, se nossa tese está centrada na importância dessas duas condições externas sobre as estratégias que desenvolvem os estabelecimentos escolares, não esqueçamos que a relação entre essas variáveis é geralmente mediada pela outra variável externa, ou seja, pela ação das autoridades de educação do local, e por uma variável interna, o grau de consenso entre os atores (diretor, professores e pais, principalmente). Além disso, como indicado no quadro, a posição, tanto na hierarquia quanto no quase-mercado, não exerce uma influência automática, já que não se trata da posição objetiva, mas da posição percebida pelos atores, o que faz intervirem pelo menos dois outros fatores subjetivos e objetivos de mediação: as representações e os valores dos atores e o grau de informação sobre o entorno de que estes dispõem.

Tirar proveito de uma posição ou conquistar novas posições?

O fato de se encontrar em uma posição hierárquica elevada, graças às qualidades acadêmicas e sociais do alunado, exerce uma influência importante sobre as estratégias dos estabelecimentos. No entanto, essas estratégias dependem também de como a posição do estabelecimento no "quase-mercado" local é percebida pelos diferentes atores e principalmente pelos diretores e pais (Edwards e Whitty, 1997). As escolas que ocupam as posições mais elevadas na hierarquia e que consideram que sua capacidade de atração é estável ou se modifica pouco e lentamente tendem a adotar condutas de "poupadores", ou seja, a contentar-se em gerir seu capital com um esforço mínimo. Essas escolas, como mostramos na seção precedente, podem-se limitar, em matéria de matrículas, a manter exigências elevadas, contando com uma demanda superior ao número de vagas. Quanto à oferta educacional, como ilustramos, sobretudo nos exemplos da Bélgica e França, esses estabelecimentos mantêm uma oferta clássica e seletiva, oferecendo opções de línguas antigas, que já faziam parte do currículo do ensino humanista secundário em seus inícios, e oferecendo também cursos de nível elevado nas matérias científicas, mais presentes no sistema secundário atual, principalmente em Matemática, disciplina que exerce uma função seletiva importante nesses dois países, em especial na França.

Internamente, esses estabelecimentos podem desenvolver estratégias de constituição de classes de bom nível para selecionar, ainda mais, uma elite escolar no interior de um alunado já de muito bom nível acadêmico e social. Isso é mais adotado nos estabelecimentos elitistas franceses que orientam sua atividade para a construção de trajetórias ambiciosas para seus melhores alunos. Essas trajetórias são aspiradas pelos professores e pais dos alunos, dentro de um sistema caracterizado por uma hierarquização importante do ensino médio e, ainda mais, do ensino superior. Na Bélgica, tal estratégia está menos presente, já que a seletividade desses dois níveis educacionais é menor do que na França.

Nos estabelecimentos "poupadores" a disciplina não é uma grande preocupação. Não obstante, como já assinalamos, nesses dois países de tradição católica, os estabelecimentos privados protegem geralmente a reputação que têm de locais onde o aluno recebe uma boa educação não somente do ponto de vista da aprendizagem de conteúdos, como também dos valores e das condutas sociais distintivas das classes dominantes. Existe aí uma diferença entre o setor público e o privado quanto à importância que se atribui a essa dimensão, mais marcada na França do que na Bélgica.

No outro extremo dos estabelecimentos que ocupam uma posição elevada na hierarquia local, encontram-se aqueles cuja posição no "quase-mercado" local parece ameaçada por um abandono real ou previsto dos pais. Esse abandono pode ser engendrado por elementos diversos, ligados a mudanças na posição hierárquica do estabelecimento (queda no resultado dos exames, transformação da composição social da clientela relacionada a mudanças na população do entorno) e a transformações internas relacionadas ou não com mudanças externas (problemas de disciplina, por exemplo). Também pode ser o resultado de mudanças nas aspirações dos pais, provocadas por fatores como a internacionalização dos estudos superiores e do mercado de trabalho — que leva muitos pais da classe média e alta a dar bem mais importância ao domínio de línguas vivas estrangeiras, sobretudo o inglês — ou pela introdução de novas tecnologias da informação, que incitam os pais a buscar escolas que proporcionam uma formação adequada nessas áreas (Van Zanten, 2003). Nesse grupo de estabelecimentos, que desenvolvem estratégias destinadas a conquistar novas posições, podemos também classificar as escolas que, apoiando-se ou não em algumas mudanças externas (modificação do alunado relacionada a fatores demográficos ou urbanos, por exemplo), tratam de melhorar uma posição inicialmente mais baixa.

Que estratégias implementam esses "conquistadores" ou "empreendedores"? Geralmente, tendem a investir, num primeiro tempo pelo menos, na oferta de educação (Bélgica e França), mediante a criação de novas opções voltadas para a dimensão internacional (estabelecimentos ou seções internacionais, classes europeias, opções de inglês reforçado) ou dirigidas a novas opções populares no mercado de trabalho. Na Inglaterra, os estabelecimentos desenvolvem também novas opções científicas e técnicas, pelas quais se interessam algumas frações da classe média com vista à melhor inserção no trabalho em nível nacional ou internacional. Observa-se também, na França, a criação de opções que não têm um grande valor instrumental, mas que servem para selecionar os melhores alunos, como as classes especiais de música ou dança em horários alternativos. Se as matrículas aumentam, esses estabelecimentos irão também elevar suas exigências e se "elitizar" no interior do grupo potencial de alunos. Esses estabelecimentos tendem também a investir na atividade interna de maneira mais intensa do que os "poupadores". A criação de "classes de nível" em países como a França, onde o número de opções oficiais é limitado, mas também na Hungria, por razões demográficas, permite às escolas mais heterogêneas manter e ainda aumentar a porcentagem de alunos da classe média e alta. Estratégias como exclusões e expulsões são também utilizadas para obter resultados visíveis a curto prazo quanto à disciplina.

É importante lembrar que, se as estratégias dos "conquistadores" parecem naturalmente instáveis e transitórias, a situação dos estabelecimentos "empreendedores" não é tampouco definitiva, embora se observe, no geral, grande continuidade nas trajetórias das escolas que ocupam as posições mais invejadas. Além das possíveis mudanças externas e internas que acabamos de mostrar, a situação pode ser alterada pela modificação das regras que controlam a matrícula e a oferta de educação pelas autoridades locais e nacionais. Nos contextos locais da Inglaterra e da Hungria, existem poucas posições de "poupadores", principalmente por causa da modificação do financiamento das escolas, hoje — mais do que no passado — ligado ao número e tipo de aluno e mais dependente de fontes privadas. Para que essas escolas funcionem normalmente, devem desenvolver (sobretudo seus diretores) condutas empresariais, ou seja, examinar a demanda local dos pais, as práticas dos concorrentes, os objetivos das novas agências que aportam os fundos complementares e encontrar novas formas de adaptação. Na verdade, todos os estabelecimentos se veem obrigados institucionalmente a adotar uma conduta de "empreendedores".

Mas é importante também lembrar o papel das percepções dos atores quanto ao estado do mercado local e ao sistema de relações interno de cada estabelecimento. Na França, por exemplo, observamos o caso de duas escolas situadas na zona próxima a Paris que persistiam em manter uma conduta de "poupadores", apesar do abalo de sua posição hierárquica e, sobretudo, de sua posição no "quase-mercado". Isso parece devido a três fatores. O primeiro tem que ver com as representações, ou seja, o sentimento dos diretores, compartilhado por alguns docentes, de incapacidade para sustar a evasão dos pais. O segundo tem relação com os valores, pois alguns diretores e muitos professores, na maioria dos sistemas estudados, pensam que é indigno para o corpo docente adaptar-se a exigências do "quase-mercado", uma vez que a escola deve preocupar-se com finalidades nobres e não mercantis, tendência que é ainda mais marcante na França por causa da organização e do financiamento estatal da educação (Ball e Van Zanten, 1998). O terceiro fator é a ausência de um consenso interno. Em uma das escolas, existem divergências fortes entre os professores, sinal de um individualismo típico dos contextos de ensino mais elitistas na França, que não favorecem sequer a mobilização coletiva parcial suposta nas estratégias de conquista. A outra escola se caracteriza por um clima de conflito em virtude da escassa legitimidade pedagógica do diretor, que foi antes um professor pouco apreciado na mesma escola, e da tensão muito forte, principalmente na ausência de um árbitro eficaz entre os professores e os pais. Essa tensão, também típica desses estabelecimentos onde os pais desejam intervir mais ativamente em matéria de pedagogia e avaliação, faz parte igualmente das dificuldades para desenvolver estratégias coletivas.

Este estudo comparativo permitiu também observar estabelecimentos "empreendedores" que se mobilizam muito mais do que requerem suas necessidades objetivas, tanto em Lille e na zona próxima a Paris quanto em Londres e em Budapeste. O que parece intervir mais diretamente nesse caso é a personalidade particularmente dinâmica de certos diretores, sua capacidade de mobilizar pessoas e redes exteriores ao estabelecimento e de criar alianças internas eficazes com certos grupos de professores ou de pais. Esse perfil tende a desenvolver-se porque muitos sistemas educacionais inclinam-se a recompensar o diretor de maneira oficial, como na Inglaterra, ou de maneira informal e às vezes dissimulada, como na França ou na Hungria, pelas suas condutas "empresariais". Essa oposição entre "poupadores" e "empreendedores" não parece ser muito operatória no contexto português, por várias razões: a hierarquia menos marcada entre escolas, pais da classe média e alta menos interessados na elevação do nível escolar de seus filhos, a administração que incita os estabelecimentos a obedecer mais a regras comuns do que a dar provas de dinamismo.

Adaptar-se à situação ou modificar a imagem ou a realidade?

Quanto mais se desce na hierarquia de posição e de capacidade de atração, mais os estabelecimentos se sentem dependentes daqueles de nível superior. Isso não quer dizer, no entanto, que todos ajam da mesma maneira. Examinemos primeiro as perspectivas das escolas situadas na posição mais baixa na escala local e que não podem modificar o "quase-mercado" local, em que sua situação se assemelha à de um micromercado, totalmente fechado, como no caso dos estabelecimentos situados no centro de um conjunto habitacional, ou num espaço para o qual os outros estabelecimentos relegam os alunos com problemas de aprendizagem, de trabalho ou de comportamento. Nesse caso, muitas escolas voltam as costas ao contexto exterior. Não procuram melhorar sua posição hierárquica mediante processos de seleção acadêmica ou social dos alunos, nem melhorar sua posição no "quase-mercado" mediante a transformação da oferta de educação. Toda a atividade da escola centra-se no funcionamento interno, e o único laço importante voltado para o exterior é o que une os estabelecimentos com as autoridades educacionais do local que os financiam e, até certo ponto, controlam sua atividade.

Esse comportamento de adaptação à situação pode, no entanto, assemelhar-se a um comportamento fatalista de resignação ou, ao contrário, a uma manifestação de certo voluntarismo. No primeiro caso, encontram-se os estabelecimentos denominados "guetos", que vogam à deriva e funcionam de maneira anômala na ausência de qualquer iniciativa dos profissionais ou dos pais. Mas também se encontram estabelecimentos que se mobilizam, principalmente para obter recursos em matéria de infraestrutura e de pessoal. Esses recursos lhes permitem "sobreviver", ou seja, amenizar condições de trabalho particularmente difíceis, porém não lhes possibilitam em geral transformar a situação dos alunos e, em alguns casos (observados sobretudo em Lille, na zona próxima a Paris e em Budapeste), contribuem para agravá-la, por causa do reforço à segregação interna. No segundo caso, encontram-se outros estabelecimentos que se mobilizam de maneira mais ativa em prol dos alunos, mas com objetivos mais ou menos ambiciosos. Em certas escolas, observadas na zona próxima de Paris ou em Charleroi, na Bélgica, os estabelecimentos se contentam em impor a "paz" no interior mediante procedimentos repressivos ou terapêuticos. Em outros poucos estabelecimentos, observados em Lille ou em Londres, é perceptível, ao contrário, um esforço real, por parte de professores solidários e envolvidos num projeto comum, para melhorar os resultados dos alunos, embora o impacto desse esforço seja geralmente limitado, dadas as condições objetivas.

Os estabelecimentos mais heterogêneos são frequentemente mais ativos do que os precedentes, uma vez que têm mais confiança em sua capacidade de transformar a situação e mais recursos para agir em favor dessa transformação. Existe também nesses estabelecimentos um grau de consenso mais elevado sobre as finalidades da ação educativa entre os profissionais e entre estes e pelo menos uma parte dos pais. Esses estabelecimentos lutam contra a degradação de sua imagem, ou por sua melhoria, primeiramente a partir de uma modificação da oferta educacional. Essa oferta é geralmente menos prestigiosa que a das escolas "poupadoras" ou "empreendedoras", mas pode parecer atraente a certas categorias de pais da classe média e a alunos que, sem ser brilhantes, obtêm honrosos resultados. Essas opções são do tipo "aulas de esporte e estudo", na França, ou "ciências sociais", "artes expressivas" ou "infografia" na Bélgica, bem como certas opções técnicas na Inglaterra. Essas escolas tratam também de realizar certa seleção do alunado, pelo menos em matéria de comportamento, excluindo aqueles jovens que apresentam problemas de disciplina.

Em matéria de estratégias internas esses estabelecimentos dão muita importância à constituição de classes de nível, em especial classes de "bom" nível, nas quais agrupam alunos provenientes da classe média que obtêm bons resultados e não apresentam problemas de disciplina, incluindo também — embora esse caso seja consequência indireta dos três primeiros fatores — alunas do sexo feminino e alunos que não pertencem a minorias étnicas. Essa estratégia, combinada com as estratégias externas, é essencial para construir uma aliança com os pais da classe média do setor público, aqueles que, por razão econômica — ou seja, o custo de vida em grandes aglomerações como Londres, Paris ou Lille —, mas também por razões culturais e éticas — apego à escola pública, valorização da mescla social e étnica nas escolas — enviam seus filhos para tais escolas heterogêneas. Como essas categorias sociais estão interessadas não somente nas aprendizagens cognitivas, mas também no desenvolvimento pessoal e social de seus filhos, esses estabelecimentos se interessam de perto pela gestão dos problemas de disciplina mediante políticas repressivas negociadas com os alunos (Van Zanten, 2003).

Para concluir esta seção, é importante ressaltar que a força de vontade dessas escolas tem geralmente efeitos limitados e se revela instável a médio prazo. Por um lado, se os pais da classe média aceitam até certo ponto a coabitação com as classes baixas e a minoria étnica, trata-se na grande maioria dos casos de uma aceitação condicional. Se os resultados dos filhos não se mostram à altura, se surgem problemas de disciplina ou se mudam as regras administrativas ou condições de matrícula próprias de cada estabelecimento, esses pais podem rapidamente optar por tirar os filhos da escola. Por outro lado, é difícil manter a concorrência com estabelecimentos de nível superior de qualidade que parecem oferecer um porto mais seguro, mais agradável e mais eficaz, assim como opções mais atraentes. Por último, se às vezes as administrações apoiam essas escolas em alguns países como Inglaterra, são sobretudo as escolas melhores que são recompensadas pelas autoridades locais da educação.

Conclusão

Qual é o impacto real de todos esses processos sobre as desigualdades de educação e, de modo mais geral, sobre o funcionamento dos sistemas educacionais? Embora nossa investigação, de caráter qualitativo e processual (Van Zanten, 2004, 2004a) não nos permita estabelecer relações diretas com os indicadores de desigualdade entre alunos em nível local e nacional, ela nos autoriza entretanto a tirar uma série de conclusões que merecem ser exploradas em estudos futuros, incluindo dimensões qualitativas e quantitativas. Os sistemas educacionais que favoreceram abertamente o desenvolvimento de políticas de concorrência entre estabelecimentos, como na Inglaterra, ou nos quais se desenvolvem novas formas de concorrência no âmbito de uma regulação historicamente comunitária da demanda de educação, como na Bélgica, defendem esse princípio em nome de uma diversidade educacional desejada pelos pais e necessária ao desenvolvimento econômico e social.

A análise do funcionamento concreto dos "quase-mercados" mostra no entanto que, se existem algumas formas de diversificação mais ou menos equivalentes entre os estabelecimentos situados na parte mais elevada da hierarquia escolar e do "quase-mercado" — por exemplo entre algumas escolas "poupadoras" e outras "empreendedoras" —, a "diferenciação desigual" é um fenômeno muito mais frequente. De fato, mediante a concorrência, alguns estabelecimentos monopolizam os recursos mais desejados em termos do alunado, principalmente, mas também de opções, de professores ou de financiamentos, enquanto outros se encontram mais desprovidos desses recursos. Como a capacidade dos estabelecimentos de competir de maneira eficaz depende desses mesmos recursos, é muito difícil observar processos de inversão das hierarquias existentes (Hardman e Levacic, 1997). Além disso, a presença importante de dinâmicas de "quase-mercado" leva os estabelecimentos a trabalhar mais para parecer atraentes do que para ser realmente eficazes, o que necessariamente influi na qualidade da educação que todos os alunos recebem.

A análise de seis contextos locais e de cinco países mostra alguns elementos de variação importante, que dizem respeito aos modos e à capacidade de regulação da concorrência pelas autoridades locais de educação e ao nível de aspiração e mobilização dos pais. Em relação ao primeiro aspecto, é possível distinguir os sistemas em que predomina uma regulação com tendência burocrática — Portugal e, em menor grau, França — e aqueles nos quais predomina uma regulação pós-burocrática, empenhada, como na Inglaterra, ou mais do tipo *laissez-faire*, como na Bélgica. Mas também é possível distinguir os sistemas, nos quais a capacidade de regulação do Estado é ainda importante, do sistema húngaro, cujo poder de imposição foi afetado pela importância e pela diversidade de reformas ligadas à falta de estabilidade política do período pós-comunista. Sobre o segundo aspecto, é possível distinguir países onde não só o nível de desenvolvimento da educação, como também de formação das classes sociais, propiciam uma exigência elevada por parte dos pais da classe média e alta. Isso é observado na França, Bélgica e Inglaterra, mas também na Hungria e em países, como Portugal, em que a demanda de educação é mais moderada. Levando em conta esses dois fatores, podemos assim distinguir países muito empenhados quanto ao desenvolvimento de novos modos de regulação, estatal e "mercantil" — em ordem decrescente, Inglaterra, Bélgica, França —, e países pouco preocupados com a questão.

Se essa comparação parece trazer conclusões importantes sobre a evolução dos sistemas educacionais na Europa, será possível transferi-las para outros contextos, como América Latina? As políticas destinadas a favorecer a concorrência entre escolas têm sido implementadas em muitos países latino-americanos, e alguns estudos revelam a forte mobilização dos pais em alguns contextos metropolitanos, como Buenos Aires (Boron, 2003; Veleda e Del Cueto, 2005), o que evidencia haver certas condições externas favoráveis à emergência de "interdependências competitivas" do mesmo tipo que analisamos neste estudo. Seria no entanto necessário, para realizar comparações adequadas, incluir análises específicas das realidades urbanas e escolares nesse outro lado do Atlântico, assim como dos processos de hibridização das políticas e dos processos educacionais nos contextos locais (Van Zanten e Ball, 2000; Krawczyk e Vieira, 2003).

Referências bibliográficas

BAGLEY, C.; WOODS, P.; GLATTER, R. Scanning the market: school strategies for discovering parental perspectives. *Educational Management and Administration*, v. 24, n. 2, p. 125-38, 1996.

BALL, S.; VAN ZANTEN, A. Logiques de marché et éthiques contextualisées dans les systèmes scolaires français et britannique. *Éducation et Sociétés*, n. 1, p. 47-71, 1998.

BALL, S.; VINCENT, C. "I heard it in the grapevine": "hot" knowledge and school choice. *British Journal of Sociology of Education*, v.19, n. 3, p. 377-400, 1998.

BALLION, R. *La bonne école*: évaluation et choix du collège et du lycée. Paris: Hatier, 1990.

BARTLETT, W. Quasi-markets and educational reforms. In: GRAND, J.; BARTLETT, W. (Orgs.). *Quasi-markets and social policy*. London: Macmillan, 1993.

BECKER, H. The Career of the Chicago public school teacher. *American Journal of Sociology*, n. 57, p. 470-77, 1952.

BORON, A. El Estado y las «reformas del Estado orientadas al mercado»; los "desempeños" de la democracia en América Latina. In: KRAWCZYK, N. R.; WANDERLEY, L. E. (Orgs.) *América Latina*: Estado e reformas numa perspectiva comparada. São Paulo: Cortez, 2003.

BUCHER, R.; STRAUSS, A. Professions in process. *American Journal of Sociology*, v. 66, n. 4, p. 325-34, 1961.

CROZIER, M.; THOENIG, J.-C. La Régulation des systèmes organisés complexes: le cas dusystème de décision politico-administratif local en France. *Revue Française de Sociologie*, v. 16, n. 1, 1976.

DELVAUX, B.; VAN ZANTEN, A. Les espaces locaux d'interdépendance entrent établissements: une comparaison européenne. *Rapport de Recherche Intermédiaire du Programme Reguleduc*, Cerisis-OSC, abr. 2004.

DEROUET, J.-L. Une sociologie des établissements scolaires: les difficultés de construction d'un nouvel objet scientifique. *Revue Française de Pédagogie*, n. 78, p. 86-107, 1987.

DURAN, P. *Penser l'action publique*. Paris: Libraire Générale de Droit et de Jurisprudence, 1999.

EDWARDS, T.; WHITTY, G. Marketing quality: traditional and modern versions of educational excellence. In: GLATTER, R.; WOODS, P.; BAGLEY, C. (Orgs.). *Choice and diversity in schooling*. Londres: Routledge, 1997. p. 29-43.

GEWIRTZ, S.; BALL, S.; BOWE, R. *Markets, choice and equity in education*. Buckingham: Open University Press, 1995.

GRÉMION, P. *Le pouvoir périphérique*: bureaucrates et notables dans le système politique français. Paris: Seuil, 1976.

HARDMAN, J.; LEVACIC, R. The impact of competition on secondary schools. In: GLATTER, R.; WOODS, P.; BAGLEY, C. (Orgs.). *Choice and diversity in schooling*. Londres: Routledge, 1997. p. 116-135.

KING, R. *The sociology of school organization*. London: Methuen, 1983.

KRAWCZYK, N. R.; VIEIRA, V. L. Estudos comparados nas análises sobre política educacional da América Latina. In: KRAWCZYK, N. R.; WANDERLEY, L. E. (Orgs.). *América Latina*: Estado e reformas numa perspectiva comparada. São Paulo: Cortez, 2003. p. 113-35.

MAROY, C. (Org.). *Changes in regulation modes and social production of inequalities in education systems*: an European comparison, 2004. [Final Report of Reguleduc.]

_____; DUPRIEZ, V. La Régulation dans les systèmes scolaires: proposition théorique et analyse du cadre structurel en Belgique francophone. *Revue Fançaise de Pédagogie*, n. 30, p. 73-87, 2000.

MEYER, J.; ROWAN, B. The structure of educational organizations. In: MEYER, M. et al. *Environments and organizations*. San Francisco: Jossey-Bass, 1978.

MONS, N. *De l'école unifiée aux écoles plurielles*: évaluation internationale des politiques de différenciation et de diversification de l'offre éducative. Thèse (Doct.) — Université de Bourgogne, Bourgogne, 2004.

RAYOU, P.; VAN ZANTEN, A. *Changeront-ils l'école?* Enquête sur les nouveaux professeurs. Paris: Bayard, 2004.

RECHERCHES SOCIOLOGIQUES, v. 35, n. 2, 2004.

TALBERT, J.; MCLAUGLIN, M. Teacher professionalism in local school contexts. In: GOODSON, I.; HARGREAVES, A. (Orgs.). *Teachers' professional lives*. Londres: Falmer. Press, 1996. p. 127-153.

THRUPP, M. *Schools making a difference*: let's be realistic! Buckingham: Open University. Press, 1999.

VAN ZANTEN, A. *L'école de la périphérie*: scolarité et ségrégation en banlieue. Paris: Presses Universitaires de France, 2001. (Col. Le lien social.)

_____. Les classes moyennes et la mixité scolaire. *Les Annales de la Recherche Urbaine*, n. 93, p. 131-40, 2002a.

_____. Educational change and new cleavages between head teachers, teachers and parents: global and local perspectives on the French case. *Journal of Education Policy*, v. 17, p. 289-304, 2002b.

_____. Middle-class parents and social mix in French urban schools: reproduction and transformation of class relations in education. *International Studies in Sociology of Education*, v. 13, n. 2, p. 107-123, 2003.

_____. Comprender y hacerse comprender: como reforzar la legitimidad interna y externa de los estudios cualitativos. *Educação e Pesquisa*, São Paulo, v. 30, n. 2, p. 301-13, 2004.

_____. Perspectivas qualitativas em educação: pertinência, validez e generalização. *Perspectiva*, revista do Centro das Ciências da Educação, Florianópolis, v. 22, n. 1, p. 25-44, 2004a.

_____. *Les politiques d'éducation*. Paris: Presses Universitaires de France, 2004b. (Col. Que sais-je?)

_____ et al. *Quand l'école se mobilise*. Paris: La Dispute, 2002.

_____; BALL, S. Comparer pour comprendre: globalisation, réinterprétations nationales et recontextualisations locales des politiques éducatives néolibérales. *Revue de l'Institut de Sociologie*, v. 1-4, p. 112-31, 2000.

VELEDA, C.; DEL CUETO, C. Les Classes moyennes et le système éducatif en Argentine: perceptions et attentes. *Éducation et Sociétés*, n. 14, p. 85-100, 2005.

YAIR G. School organization and market ecology: a realist sociological look at the infrastructure of school choice. *British Journal of Sociology of Education*, v. 17, n. 4, p.453-71, 1996.

WALFORD, G. School choice and the quasi-market in England and Wales. *Oxford Studies in Comparative Education*, v. 6, n.1, p. 49-62, 1996.

WHITTY, G.; HALPIN, D. *Quasi-markets in England and America*: a review of recent research on parental choice and school autonomy. 1996. [Trabalho apresentado em The Annual Meeting of The B.E.R.A. Lancaster University, 12-15 Sept. 1996.]

OS *RANKINGS* DE ESTABELECIMENTOS DE ENSINO MÉDIO E AS LÓGICAS DE AÇÃO DAS ESCOLAS

O caso do Colégio de Aplicação da UFV

Maria Alice Nogueira
Wania Guimarães Lacerda

Introdução

Este texto discute a relação entre os atuais *rankings* de estabelecimentos de ensino e as lógicas de ação das escolas. Um caso, em particular, será focalizado: o do CAp/Coluni, colégio de aplicação da Universidade Federal de Viçosa (UFV) que, nos últimos anos, vem ocupando o primeiro lugar, dentre as escolas públicas, nos *rankings* nacionais de estabelecimentos de ensino médio, em decorrência dos resultados obtidos por seus alunos no Exame Nacional do Ensino Médio (Enem).

Parte-se da hipótese de que a posição elevada do CAp/Coluni nos *rankings* e, por esse intermédio, sua alta reputação e capacidade de atração de alunos impactam suas próprias práticas, as quais passam a se reger por uma lógica "rentista", nos termos de Maroy (2008), ou seja, o estabelecimento passa a "viver dos rendimentos" decorrentes dessa reputação e notoriedade ou ainda, segundo Van Zanten (2005), adota uma conduta de "poupador", ocupando-se em gerir seu capital.

A geração dos dados que embasam este trabalho se deu, entre 2011 e 2013, por meio de questionários autoaplicados aos estudantes do primeiro ano do ensino médio do CAp/Coluni e de entrevistas com ex-alunos, gestores e professores do colégio. Foram também utilizados: (i) dados quantitativos sobre o corpo docente e discente do colégio no período de 1984 a 2011, obtidos nos relatórios anuais de atividades da UFV; (ii) informações sobre o perfil socioeconômico e escolar dos jovens que se candidataram aos processos seletivos do CAp/Coluni na série histórica de 2007 a 2011, obtidos na Diretoria de Exames e Vestibulares da UFV; (iii) dados fornecidos pelo colégio sobre a origem geográfica e o local de domicílio em Viçosa, dos estudantes do primeiro ano do ensino médio.

Este texto se estrutura da seguinte forma: discute-se inicialmente a recente produção de *rankings* de estabelecimentos de ensino, seus vínculos com a interdependência competitiva entre escolas e o quase-mercado escolar, e seus impactos sobre as lógicas de ação das escolas. Em seguida, é abordado um caso específico: o do CAp/Coluni da UFV.

1. Os *rankings* escolares e as lógicas de ação dos estabelecimentos de ensino

Os *rankings* escolares surgiram no cenário educacional brasileiro, via ensino superior, com a divulgação dos dados oficiais gerados a partir do Exame Nacional de Cursos (ENC) — popularmente conhecido como "Provão" — realizado em 1996 pelos estudantes universitários concluintes dos cursos de Direito, Medicina e Engenharia Civil

(Calderón, Poltronieri e Borges, 2011; Rothen e Barreyro, 2011). Os resultados obtidos pelos graduandos no "Provão" permitiam a classificação dos cursos em cinco níveis, de A a E.

Apesar de o Exame Nacional do Ensino Médio (Enem) ter-se iniciado em 1998, esse exame não resultou de imediato na elaboração de *rankings,* pois, em suas primeiras edições, as médias obtidas pelos estabelecimentos de ensino médio só eram divulgadas mediante a solicitação formal de cada estabelecimento ao Instituto Nacional de Estudos e Pesquisas Educacionais Anísio Teixeira (Inep).[1] Foi somente a partir de 2006 que o Inep passou a divulgar a proficiência média dos participantes por escola, calculada a partir dos resultados dos candidatos nas quatro áreas do conhecimento avaliadas e em redação. Com isso, a "nota" de cada escola passou a ser o critério para a classificação ordenada do conjunto delas, o que viabilizou a organização dos estabelecimentos na forma de *rankings.* Desde então, os *rankings* ganharam grande repercussão e legitimidade, tanto na opinião pública, como na mídia.[2]

Em 2012, a forma de divulgação desses resultados foi alterada: o Instituto passou a informar apenas os dados das escolas que apresentassem um percentual mínimo (50%) de participação dos estudantes do ensino médio regular em todas as provas do exame,[3] e a divulgar não mais uma única média por escola, mas as proficiências médias em redação e por área do conhecimento, separadamente (Inep, 2012). A justificativa fornecida para a divulgação dos resultados por escolas é que eles: "auxiliam os estudantes, pais, professores, dirigentes das instituições e gestores educacionais nas reflexões sobre o aprendizado

---

1. O Inep é uma autarquia federal vinculada ao Ministério da Educação (MEC) e, por ele, encarregada da implementação do Enem.

2. A cada ano, logo após a publicação dos *rankings,* os estabelecimentos posicionados no alto da hierarquia passam a ser alvo de várias reportagens midiáticas que descrevem sua organização, as características do corpo discente e docente, e suas práticas pedagógicas, na tentativa de identificar o elemento ou o conjunto de elementos que os distinguem em relação aos outros estabelecimentos de ensino.

3. Em razão disso, conforme Foreque (2012), foram divulgadas as "notas" de 10.076 escolas brasileiras, o que representa 40,56% do universo total.

dos estudantes no ensino médio e no estabelecimento de estratégias em favor da melhoria da qualidade da educação" (Inep, 2012, p. 1).

De modo geral, a justificativa para a elaboração dos *rankings* baseia-se no argumento da *accountability*, isto é, na defesa da avaliação, da prestação de contas ao usuário, da transparência dos serviços públicos, da responsabilização e da própria melhoria da qualidade do ensino. Sua utilidade seria múltipla: indo desde a ajuda aos atores sociais (pais e estudantes) no ato de escolha do estabelecimento de ensino até o subsídio ao Ministério da Educação em suas políticas educacionais, passando pelo auxílio aos empregadores no processo de recrutamento de seus empregados (cf. Andrade, 2011).

Entretanto, a literatura científica aponta para diferentes limitações dos *rankings*, qualquer que seja a metodologia utilizada por cada um deles. A esse respeito, vale consultar o texto de Andrade (2011, p. 340) que advoga e demonstra que "nenhum *ranking* é perfeito, o importante é o entendimento de que tipo de informação cada um fornece".

Tratando do caso do *ranking* brasileiro das escolas de ensino médio, este último autor opina que seu problema principal é que ele se baseia no "valor absoluto", isto é, no valor expresso pela média dos resultados dos alunos em testes de proficiência,[4] e não no "valor adicionado" pelo estabelecimento de ensino, o que suporia debitar da nota do aluno aquilo que se deve a seu *background* socioeconômico e que não pode, portanto, ser imputado à escola por ele frequentada.[5]

---

4. O autor lembra que esse procedimento pode dar margem a "estratégias oportunísticas" por partes das instituições de ensino, como, por exemplo, incentivar a participação (facultativa) dos bons alunos nos testes e/ou, ao inverso, evitar aquela dos maus alunos, como meio de obter uma boa classificação no *ranking*. Um exemplo concreto desse tipo de procedimento é apontado pelo articulista do jornal *Folha de S.Paulo*, Hélio Schwartsman, em matéria jornalística na qual afirma: "um caso emblemático é o das escolas particulares de elite, que travam disputas milimétricas pelas primeiras posições no Enem. É fácil ganhar frações de ponto selecionando só os melhores alunos para fazer a prova, que não é obrigatória. Assim, um colégio que ofereça bolsas para alunos pobres ou que não expulse os repetentes acaba, mais por suas virtudes que defeitos, perdendo posições" (*Folha de S.Paulo*, p. A2, caderno Opinião, 24 nov. 2012).

5. A limitação apontada pelo autor no que tange a esse segundo tipo de procedimento consiste na "volatilidade" que a classificação, com base no valor agregado, pode provocar.

Na mesma direção vão as análises de Franco e Menezes Filho (2012). Para esses autores, o *ranking* de escolas que toma por base o desempenho médio dos alunos em testes padronizados, denominados *rankings* "puros", "refletem principalmente o *status* socioeconômico dos alunos das escolas" (id., ibid., p. 265), o que prejudica a informação sobre a qualidade das instituições de ensino que se quer fornecer à sociedade.

Pesquisador do tema e ex-presidente da Associação Brasileira de Avaliação Educacional (Abave), José Francisco Soares também se soma às vozes críticas aos *rankings* que constituiriam, segundo ele, muito mais um instrumento da imprensa para causar impacto, do que uma ferramenta de ampliação do conhecimento sobre o sistema de ensino:

> As listas das escolas com o resultado do Exame Nacional do Ensino Médio (Enem) é um exemplo de como "não" se deveria divulgar os resultados. A hierarquização das escolas causa um tumulto grande, sem, no entanto, contribuir para uma completa compreensão desses resultados e da medida que foi feita. E mais, as escolas mudam frequentemente sua posição no tal *ranking*, fruto muito mais da incerteza na medida do que dos esforços pedagógicos da comunidade escolar (Andrade e Soares, 2008, p. 392-3).

Ao abordar o uso que geralmente se faz dessas listas classificatórias, Soares (2012, p. 189) lembra: "Quando há a publicação da nota média da escola no Enem, não há tanto interesse em saber, pedagogicamente, o que aquilo significa. Toda a ênfase é colocada em comparar escolas, mesmo que tenham diferença de desempenho muito pequena".

Não obstante, a divulgação dos *rankings* tem sido vista como causadora de impactos importantes nos estabelecimentos de ensino e em sua clientela. O mais direto desses impactos consiste em sua interferência nas ações de escolha da escola pelas famílias, com base na qualidade de ensino inferida a partir dos *rankings*. Ora, já sabemos que a escolha do estabelecimento de ensino mobiliza capitais que estão desigualmente distribuídos entre as famílias dos diferentes meios sociais (Nogueira, 1998; Ball, 2005; Van Zanten, 2009). Em geral, as famílias culturalmente favorecidas têm maior capacidade de obter e decodificar informações sobre a qualidade dos estabelecimentos, ao efetuar suas escolhas. São as famílias das camadas médias intelectualizadas as que se mostram mais propensas à escolha do estabelecimento de ensino, tanto em função dos projetos educativos que elaboram para seus filhos, quanto em virtude dos recursos materiais e simbólicos de que dispõem para efetivar suas escolhas (Nogueira, 2000; Delvaux, 2006), e são essas famílias que, no ato de escolha, contemplam um número importante de possibilidades (Van Zanten, 2009).

Embora indiretamente, os *rankings* também propiciam às famílias inferir o nível social e cultural do grupo de pares, como forma de avaliar se o grupo de convivência do(s) filho(s) está mais ou menos "próximo de si" (Van Zanten, 2010, p. 409), uma vez que a grande maioria dos pais "considera a qualidade da educação — tanto no sentido da instrução quanto da socialização — na escola" (id., ibid., p. 410). É bom lembrar que os sinais de qualidade e de perfil social do público escolar tornam-se ainda mais evidentes nos casos de *rankings* que não apresentam volatilidade, ou seja, aqueles nos quais as posições dos estabelecimentos de ensino não se alteram fundamentalmente ao longo de um período.

No plano dos estabelecimentos de ensino, os *rankings,* reconhecidamente, fazem crescer a competição entre eles no que concerne ao desempenho dos alunos,[6] e se associam intimamente ao fenômeno das "interdependências competitivas" (Van Zanten, 2005, 2006) entre estabelecimentos de ensino que ocupam posições diferentes na hierarquia escolar local.

---

6. Os efeitos das classificações são observados tanto em relação aos estabelecimentos posicionados no alto da hierarquia, quanto no caso das instituições de ensino "mal ranqueadas", as quais, muitas vezes, passam a ser cobradas pelos pais usuários no sentido da melhoria de suas posições. Para justificar sua situação, estas últimas usam especialmente o argumento de que os *rankings* não expressam todo o trabalho que realizam, e chamam a atenção para as características diferenciadas dos públicos escolares.

SOCIOLOGIA DO ENSINO MÉDIO

A interdependência competitiva ocorre quando "o funcionamento dos estabelecimentos é afetado pelas práticas dos estabelecimentos situados dentro do mesmo espaço [geográfico] ou em espaços vizinhos, com os quais eles estão em concorrência pelos recursos cobiçados por cada um, especialmente os alunos" (Van Zanten, 2006, p. 10). Gewirtz, Ball e Bowe (apud Delvaux e Van Zanten, 2006, p. 5-6) qualificam a competição entre as escolas pelo número de alunos como competição de "primeira ordem",[7] e a competição pela qualidade — acadêmica, comportamental, social — dos alunos (e de suas famílias) como de "segunda ordem", assinalando que este segundo tipo é o mais importante para as escolas porque dele dependem sua reputação, seus resultados e as condições de trabalho dos educadores.

Ora, em um contexto de interdependências competitivas, as escolas posicionadas no topo da hierarquia dos estabelecimentos atrairão os alunos considerados "bons", do ponto de vista acadêmico e comportamental, e esta atratividade contribuirá para manter sua posição favorável e a disparidade em relação às demais escolas do contexto local, acentuando a divisão dos estabelecimentos de ensino em extremos opostos da hierarquia escolar, e a distribuição desigual, entre eles, dos alunos com diferentes características sociais e escolares.

A diversidade de respostas que dão os diferentes estabelecimentos de ensino a essa situação de concorrência decorre da posição hierárquica de cada um deles no contexto local. No caso dos estabelecimentos de ensino que ocupam as posições mais altas dos *rankings* escolares e que contam com elevada capacidade de atração de "bons" estudantes, eles atuam determinando o contexto, como assinala Yair (1996). Por isso, são menos dependentes "do que são e do que fazem os estabelecimentos vizinhos" (Barthon e Monfroy, 2005, p. 385) e se veem, portanto, bem menos envolvidos em lógicas de concorrência com os outros estabelecimentos do entorno. Van Zanten (2006, p. 13) chega mesmo a afirmar que "segundo o estabelecimento se situa no

---

7. Do número de alunos podem depender os recursos humanos e financeiros obtidos pelo estabelecimento.

alto ou na base da escala local, essa posição constitui seu principal trunfo ou desvantagem para fazer face à competição".

A disputa entre os estabelecimentos de ensino da rede pública se desenvolve impulsionada pela lógica de "quase-mercado" educacional.[8] No quase-mercado educacional, os alunos e suas famílias competem pelo acesso às escolas públicas mais bem posicionadas nos *rankings* e mais bem reputadas. As escolas, por sua vez, por meio de critérios mais ou menos claros e lícitos, selecionam seus alunos. Para este último caso, os pesquisadores têm reservado a expressão "quase-mercado oculto" que atuaria por meio de "mecanismos pouco visíveis ou mesmo deliberadamente ocultados" (cf. Costa e Koslinski, 2009).

No caso das escolas públicas brasileiras, estudos têm indicado que se encontra operando um quase-mercado educacional (Souza e Oliveira, 2003; Costa e Koslinski, 2009, 2011), promovido pelas ações de escolha da escola empreendidas pelas famílias (mesmo onde existem leis de setorização da matrícula), pelas políticas educacionais de avaliação, de concessão de autonomia aos estabelecimentos de ensino e de financiamento das escolas em função do alcance de metas (políticas de bonificação etc.).

Em suma, há que se salientar que, por vias diversas, os *rankings* podem influenciar as práticas pedagógicas e organizatórias dos estabelecimentos de ensino, com vista à manutenção ou à melhoria de suas posições relativas.

2. O caso do colégio de aplicação da UFV (CAp/Coluni)

O CAp/Coluni é uma escola pública federal de ensino médio que se localiza no *campus* da Universidade Federal de Viçosa (UFV), da qual

---

8. Segundo Resende, Nogueira e Nogueira (2011, p. 967), a "expressão 'quase-mercado' tem sido utilizada, pela literatura, para ressaltar as especificidades do mercado escolar (sobretudo no segmento público), o qual combina financiamento público e regulação estatal do ensino com alguma possibilidade de escolha por parte dos pais e de concorrência entre as escolas".

SOCIOLOGIA DO ENSINO MÉDIO

constitui o colégio de aplicação. Foi criado no ano de 1965, como parte integrante da então Universidade Rural do Estado de Minas Gerais (UREMG)[9] e federalizado em 1969, juntamente com a universidade.

Desde sua criação até o ano de 1981, o CAp/Coluni ofereceu apenas a terceira série do ensino médio, com o objetivo de preparar jovens para o ingresso na UFV, sem, portanto, uma finalidade profissional. A partir de 1982, o colégio passou a oferecer as três séries do ensino médio.

Nos anos iniciais de funcionamento, o colégio ocupou instalações diversas. As aulas eram ministradas tanto em salas dos prédios localizados no *campus* da UFV, quanto no prédio de uma escola privada confessional, localizada no centro da cidade de Viçosa. Em novembro de 1989, o colégio foi transferido para sua sede própria no *campus* da UFV.[10]

Os dados sobre o corpo docente do CAp/Coluni, nos anos iniciais de sua criação, não são precisos, uma vez que poucos registros documentais referentes a esse período foram encontrados.[11] Barbalho (2008, p. 59) informa que, "no início da década de 1980, 31% dos professores trabalhavam apenas no CAp/Coluni, enquanto os outros 69% trabalhavam também em outros estabelecimentos de ensino", e que, dentre os professores que atuavam no colégio nessa época, alguns tinham vínculos funcionais com a rede estadual de ensino. A partir de

---

9. Nas duas instituições que deram origem à UFV, ou seja, na Escola Superior de Agricultura e Veterinária (Esav) (1926-1948) e na Universidade Rural do Estado de Minas Gerais (UREMG) (1948-1969), eram oferecidos, antes mesmo da criação do CAp/Coluni, cursos de nível médio e elementar, com o intuito de formar alunos para atividades ligadas à agropecuária.

10. Trata-se de um prédio com oito salas de aula, cinco laboratórios, duas salas de projeção, sala de reuniões, salas para os serviços administrativos, direção, coordenação pedagógica e orientação educacional e quinze gabinetes para professores. Este prédio encontra-se atualmente em fase de expansão de seu espaço físico.

11. Um ex-aluno entrevistado que frequentou o colégio, em 1976, afirmou que licenciandos da UFV atuavam como professores no CAp/Coluni, por indicação de docentes dos departamentos dessa universidade. No entanto, Barbalho (2008), em sua dissertação de mestrado, ao reconstruir a história do CAp/Coluni, não menciona a atuação de estudantes da universidade como professores do colégio.

1984, os dados sobre o corpo docente do CAp/Coluni são apresentados nos relatórios anuais de atividades da UFV.[12] Estes dados informam que, no período de 1984 a 1989, o corpo docente era constituído de aproximadamente 20 professores, dentre os quais a grande maioria trabalhava em regime de dedicação exclusiva. Em 2011, o colégio contava com 32 docentes, dos quais a quase totalidade (31 docentes) atuava em regime de dedicação exclusiva, e apenas um em regime de 40 horas semanais.

No que se refere à titulação dos professores, predominava, nos anos de 1984 a 1987, a formação em nível de graduação, um percentual em torno de 90%. A partir do ano de 1988, passou a predominar a formação em nível de especialização, o que perdurou até o ano de 1994. Em 1995, o número de docentes se eleva para 29, com sete professores titulados em nível de mestrado e, a partir de então, inicia-se um período de crescimento do número de professores portadores do título de mestre. No ano de 2000, quando o corpo docente já era constituído de 31 professores, 10 eram mestres, o que se manteve até o ano de 2005, quando começa o crescimento do número de professores qualificados em nível de doutorado. Em 2006, com um corpo docente de 35 professores, seis eram doutores, dez mestres, dezesseis especialistas e três graduados. Já em 2011, a qualificação do corpo docente do CAp/Coluni, constituído agora de 32 professores, passa a ser a seguinte: dez professores doutores, quinze professores mestres, cinco professores especialistas e dois professores graduados.

Na primeira década de seu funcionamento, o currículo do CAp/Coluni, conforme Barbalho (2008), estava estreitamente relacionado às especificidades e áreas de interesse dos cursos de graduação da UFV. Isso se devia à finalidade do colégio de preparação para o vestibular dessa universidade. Nessa época, na terceira série do ensino

---

12. Nos relatórios referentes à primeira metade da década de 1980, mais especificamente, a partir de 1984, não é feita nenhuma referência a professores que atuavam no CAp/Coluni, mas mantinham vínculos funcionais com a rede estadual de ensino.

médio, "eram ministradas as seguintes disciplinas, com cinco aulas semanais: Biologia, Química, Física, Matemática, Português e Inglês, esta última com duas aulas semanais" (Barbalho, 2008, p. 51). A partir de 1982, quando o colégio passou a funcionar com as três séries do ensino médio, o currículo foi organizado de acordo com a legislação educacional vigente nessa época.

De 1984 a 1995, a oferta de vagas no CAp/Coluni oscilou entre períodos de aumento e redução,[13] sem que se possa associar tal oscilação a alterações no número de professores ou a problemas de infraestrutura, já que a partir de 1989 o colégio passou a funcionar em prédio próprio e com espaço físico adequado para o desenvolvimento de suas atividades. É possível que as variações observadas se devam à evolução da demanda por vagas no colégio, cujo raio de atração, nos anos iniciais de funcionamento, atingia apenas candidatos da própria região de Viçosa e pessoas da comunidade acadêmica da UFV. Como havia certa margem de autonomia do colégio em relação às instâncias superiores de administração da UFV, onde se aprova o número de vagas anuais a serem oferecidas, é plausível supor que houvesse uma adequação da oferta de vagas à demanda.

Desde a primeira turma, que concluiu o curso no ano de 1966, os egressos do CAp/Coluni vêm apresentando bons resultados nos exames vestibulares de ingresso no ensino superior. Tais resultados se constituíram ao longo dos anos — antes mesmo do elevado desempenho dos alunos nos testes de avaliação externa que deram ampla visibilidade ao CAp/Coluni — no fundamento da reputação desse colégio, especialmente no âmbito da UFV e em nível regional. Atualmente, a atribuição de um alto conceito à formação de nível médio, ali oferecida, é continuamente confirmada pela aprovação dos egressos em processos seletivos de instituições superiores de prestígio e em cursos que formam para as carreiras mais valorizadas, o que também tem repercutido em nível nacional.

---

13. Não dispomos de dados sobre o número de vagas oferecidas e a relação candidato/ vaga, para os anos anteriores a 1984.

O prestígio e a alta reputação do CAp/Coluni não têm equivalente direto no mercado escolar local, composto, no nível do ensino médio, por 11 estabelecimentos de ensino, dos quais cinco são escolas públicas estaduais, cinco são colégios privados e o CAp/Coluni, uma instituição federal. Sua notoriedade é reforçada ainda por sua posição privilegiada e estável nos *rankings* em nível nacional, os quais — como se viu — resultam da proficiência média dos alunos e permitem supor a qualidade do alunado, "fator dominante na reputação e capacidade de atração de um estabelecimento escolar" (Van Zanten, 2005, p. 568).

A Tabela 1 informa as posições que o CAp/Coluni vem ocupando nos *rankings* de estabelecimentos de ensino médio brasileiros desde 2006, quando da criação do primeiro *ranking*. Observe-se que, desde então, sua *pole position* entre as escolas públicas só não foi alcançada em 2007, ficando sempre entre os dez primeiros colocados no *ranking* geral.

TABELA 1

Posição do CAp/Coluni nos *rankings* de estabelecimentos públicos e privados, em nível nacional, 2006 — 2011

Ano de realização do Enem	Posição no *ranking* dos estabelecimentos públicos	Posição no *ranking* dos estabelecimentos públicos e privados
2006	1º lugar	7º lugar
2007	2º lugar	9º lugar
2008	1º lugar	3º lugar
2009	1º lugar	5º lugar
2010	1º lugar	9º lugar
2011	1º lugar	8º lugar

Fonte: Pesquisa direta na instituição em 2013.

SOCIOLOGIA DO ENSINO MÉDIO

Ora, a posição de um estabelecimento de ensino nas hierarquias escolares — em boa parte definida por seus resultados — tem sido indicada, em diversos estudos, como um dos fatores que influenciam suas **lógicas d**e ação (Van Zanten, 2005, 2006; Maroy, 2008; Delvaux e Joseph, 2006). Neste trabalho, partimos do pressuposto de que a posição elevada do CAp/Coluni nos *rankings* de estabelecimentos afeta — em diferentes proporções — a orientação de suas práticas pedagógicas e organizativas, as quais se estruturam em congruência com a manutenção ou melhoria tanto da posição relativa desse colégio na hierarquia e no quase-mercado educacional, quanto das condições cotidianas de trabalho — de professores e gestores — que dão sustentação a essa posição.

2.1 As lógicas de ação do CAp/Coluni

Entretanto, a compreensão das lógicas de ação do CAp/Coluni requer que se leve também em conta os processos internos ligados à história desse colégio, em particular sua tradição e seu passado de boa reputação.

Esse passado está intimamente relacionado aos vínculos desse colégio com a UFV, uma instituição de ensino superior que tem em sua "marca de origem" (Oliven, 2005) os *Land-Grant Colleges* norte-americanos da segunda metade do século XIX. Esses *colleges* se notabilizaram pela oferta de cursos na área de agricultura, voltados para o atendimento das necessidades cotidianas dos agricultores da região onde se localizavam. Seu ensino baseava-se nos conhecimentos produzidos nas estações experimentais de agronomia. Sua oferta de cursos rápidos dará origem às atividades de extensão universitária (Oliven, 2005). Por sua influência, consolidou-se, na Esav,[14] uma tradição de ensino com disci-

---

14. O professor Peter Henry Rolfs — que havia atuado como diretor do *Florida Agricultural College* da *University of Florida* — foi o responsável pela fundação, organização e direção da Escola Superior de Agricultura e Veterinária do estado de Minas Gerais (Esav), tendo iniciado seu trabalho aqui em janeiro de 1921. Documentos sobre a história da UFV dão conta de que Rolfs seguiu, na organização da Esav, o modelo dos *Land-Grant Colleges*.

plinas práticas, de valorização da pesquisa e de atividades de extensão. A influência desse modelo fundante se estendeu, posteriormente, ao CAp/Coluni, especialmente no que se refere à oferta de disciplinas práticas, tais como "Física Experimental" ou "Técnicas Gerais de Laboratório de Química e de Biologia", como se verá mais à frente.

No contexto da UFV, o CAp/Coluni usufruirá de diferentes benefícios típicos de cursos de graduação como, por exemplo, programas próprios de bolsas de iniciação científica e de monitoria, apoio de monitores de graduação e de pós-graduação para o desenvolvimento das atividades do colégio, bem como a possibilidade de utilização de serviços e equipamentos voltados para o desenvolvimento de suas práticas pedagógicas, como laboratórios e serviços de transporte.

Essas condições produziram (ao mesmo tempo que decorreram de) resultados positivos obtidos pelos egressos do CAp/Coluni em processos seletivos de ingresso no ensino superior, o que alimentou, ao longo de sua trajetória institucional, a tradição e renome do colégio. Além disso, a posição do colégio nos *rankings* nacionais dá grande visibilidade à UFV, colaborando para a manutenção da imagem e posição favorecida do colégio, no nível dos departamentos, centros e conselhos superiores da universidade, ampliando assim suas possibilidades de atuação nesse contexto institucional mais amplo.

É, portanto, levando em conta tanto as implicações do passado de tradição da UFV, quanto da posição hierárquica atual do CAp/Coluni, que serão examinadas duas dimensões das atividades desse colégio, abordando separadamente aquelas voltadas para o exterior e aquelas voltadas para o interior do estabelecimento (Van Zanten, 2005, 2006).

Van Zanten (2006), em seu estudo dos efeitos da competição por "bons" alunos sobre o funcionamento dos estabelecimentos de ensino, em mercados locais de cinco países europeus, elenca três domínios de ação (dos estabelecimentos) orientados predominantemente para o exterior (o recrutamento dos alunos, a oferta de opções curriculares e as atividades de promoção do estabelecimento), e três domínios de ação orientados para o interior (a organização das classes ou "enturmação", os dispositivos de apoio aos alunos em dificuldade e as normas

SOCIOLOGIA DO ENSINO MÉDIO

disciplinares). As características e dinâmicas internas do CAp/Coluni nos levam a estruturar a análise da orientação dominante de suas lógicas de ação a partir das seguintes dimensões: (i) atividades orientadas para o exterior: estratégias de promoção e de recrutamento/ seleção do alunado; (ii) atividades voltadas para o interior: organização das turmas, organização e desenvolvimento do currículo, e dispositivos de apoio individual aos alunos.

2.1.1 As atividades orientadas para o exterior

■ Estratégias de promoção do estabelecimento

Atualmente, as informações sobre o colégio e seus editais de seleção de alunos são divulgadas apenas na página da UFV na internet. Na década de 1970 e nos anos 1990, foram utilizadas estratégias de promoção do CAp/Coluni, especialmente a divulgação do processo seletivo do colégio. Na descrição das atividades administrativas realizadas no ano de 1992, que consta do relatório anual de atividades da UFV, se lê: "a elaboração de propagandas com vistas ao aumento do número de candidatos aos exames de seleção do Coluni" (p. 59). Porém, nos dias atuais, o CAp/Coluni não utiliza estratégias de promoção, como a produção de cartazes, a distribuição de folhetos ou a organização de atividades no colégio para se fazer conhecer.

No entanto, as escolas privadas e os cursinhos preparatórios para o exame de seleção do colégio, instalados na cidade de Viçosa e em várias cidades do entorno, fazem, em função de seus interesses mercadológicos, uma ampla divulgação do CAp/Coluni, difundindo suas características, processos de seleção, resultados no Enem e em vestibulares diversos, posição nos *rankings* etc. As iniciativas das escolas privadas visam principalmente atrair jovens que se mudam para a cidade de Viçosa com o intuito de lá cursar o nono ano do ensino fundamental, conciliando a frequência à escola regular com a preparação para o exame de seleção ao CAp/Coluni, em um dos cursinhos que se autointitulam "pré-coluni" e oferecem essa preparação "complementar". Em Viçosa, existem cinco cursinhos preparatórios para o exame de seleção ao CAP/Coluni, os quais vêm, nos últimos anos, ampliando sua área geográfica de atuação, ao criar turmas em cidades circunvizinhas e em outras cidades da Zona da Mata mineira. Além disso, algumas escolas privadas de ensino fundamental e médio também oferecem cursos preparatórios para o exame de seleção do CAp/Coluni. Elas também encorajam seus alunos a se submeter às provas de seleção do colégio, já que os índices de aprovação obtidos por seus alunos funcionam como poderosas estratégias de marketing, com vista à atração de nova clientela.

Além disso, a própria posição do CAp/Coluni nos *rankings* de estabelecimentos em nível nacional, por si só, já lhe rende anualmente uma larga divulgação nos meios de comunicação de massa. A isso se junta a repercussão, nesses meios de comunicação, dos resultados obtidos pelos egressos do colégio que são aprovados nos primeiros lugares em vestibulares muito concorridos ou que, por meio do Sistema de Seleção Unificado (Sisu), ocupam as primeiras posições nas listas de classificados para ingresso em universidades e cursos prestigiosos.[15]

Um fator indireto de promoção do CAp/Coluni decorre da imagem de excelência do colégio que é compartilhada e difundida pelos estudantes de graduação da UFV, o que colabora para a ampla disseminação de informações sobre a "alta" qualidade de seu ensino, uma vez que essa universidade recebe estudantes de várias regiões do país.

---

15. Um exemplo é a matéria jornalística veiculada em fevereiro de 2012, no portal G1, São Paulo. Essa reportagem estampava: "1º lugar no curso mais concorrido da Fuvest ainda não decidiu pela USP. Matheus foi o 1º na UFSCar e na UFJF e 5º na Unicamp e na UFV. Ele vai decidir entre engenharia na USP- São Carlos e na Federal de Viçosa". A reportagem destaca que o estudante cursou o ensino médio no CAp/Coluni, apresentando a "nota" desse colégio no Enem/2010, sua posição favorecida no *ranking* nacional e, ainda, as práticas pedagógicas empreendidas pelo colégio que, segundo o estudante, favoreceram seu bom desempenho nos processos seletivos para ingresso no curso de Engenharia Civil de instituições renomadas.

■ Estratégias de recrutamento e a composição social do alunado

Desde sua criação, o CAp/Coluni adota práticas de seleção de candidatos ao ingresso no ensino médio, por meio de provas.[16] Sua posição estável no alto da hierarquia de estabelecimentos de ensino médio favorece a manutenção, com certa legitimidade, da prática de seleção do alunado que lhe assegura a atração de um público escolarmente mais "adaptado" (Maroy, 2008). Em 2013, a relação candidato/vaga no colégio foi 13,18, a mais elevada até então, considerando-se a série histórica de 1984[17] a 2013. A evolução da relação candidato/vaga, ao longo da trajetória institucional desse colégio, é apresentada na Tabela 2.

Na análise da evolução da relação candidato/vaga, destaca-se a elevação (29,5%), em 1996, do número de candidatos inscritos em relação ao ano anterior, o que pode estar relacionado tanto com o aumento, ocorrido nesse período, do número de estabelecimentos de ensino privados de Viçosa, quanto com as atividades de divulgação do colégio empreendidas por esses estabelecimentos e pelo próprio CAp/Coluni, na primeira metade da década de 1990, conforme mencionado.

A partir do ano de 1996, com pequenas variações, o número de candidatos tendeu à elevação até o ano de 2007, quando ocorre uma queda no número de inscritos, tendência que se mantém, em níveis mais discretos, nos anos seguintes de 2008 e 2009. Levando-se em

---

16. Atualmente, a seleção é feita em duas etapas. A primeira se constitui em uma prova de múltipla escolha, de caráter eliminatório, cuja pontuação máxima é 68 pontos. Na segunda etapa, é feita a prova discursiva e a redação, com o valor total de 32 pontos. De acordo com a nota obtida na primeira fase, os candidatos são classificados até um total de três candidatos por vaga, o que pode ser ultrapassado caso ocorra empate na pontuação dos últimos classificados na primeira fase. A classificação final é feita considerando a soma da pontuação obtida nas duas fases do processo seletivo. A partir de 2010, o colégio passou a adotar uma política de ação afirmativa, que consiste na concessão de um bônus de 15% sobre a pontuação final para os candidatos que cursaram todo o ensino fundamental em escola pública.

17. Não foram encontrados dados sobre a relação candidato/vaga anterior ao ano de 1984.

TABELA 2

Número de vagas, número de candidatos e relação candidato/vaga (1984--2013)

Ano	Número de vagas	Número de candidatos	Relação candidato/vaga
1984	300	286	0,95
1985	250	302	1,20
1986	180	304	1,68
1987	200	368	1,84
1988	150	*	*
1989	150	405	2,7
1990	150	472	3,1
1991	180	645	3,6
1992	180	*	*
1993	180	767	4,26
1994	180	822	4,56
1995	150	866	5,77
1996	150	1.122	7,48
1997	150	1.157	7,71
1998	150	1.312	8,74
1999	150	1.159	7,72
2000	150	1.157	7,71
2001	150	1.256	8,37
2002	150	1.575	10,50
2003	150	1.718	11,45
2004	150	1.894	12,63
2005	150	1.894	12,63
2006	150	1.727	11,51
2007	150	1.557	10,38
2008	150	1.486	9,91
2009	150	1.476	9,84
2010	150	1.789	11,93
2011	150	1.734	11,56
2012	150	1.660	11,07
2013	150	1.977	13,18

Fonte: Relatórios Anuais de Atividades da UFV — dados de 1984 a 1999 — e Diretoria de Vestibulares e Exames da UFV — dados de 2000 a 2013.
* Dados não disponíveis.

SOCIOLOGIA DO ENSINO MÉDIO

conta que a divulgação da posição privilegiada do CAp/Coluni nos *rankings* de estabelecimentos de ensino médio se deu pela primeira vez no ano de 2007, essa publicidade não produziu de imediato a elevação da demanda, um efeito "esperado" da boa classificação. O que se observou, em contrapartida, foi uma interrupção temporária da tendência de elevação do número de candidatos por vaga. Uma hipótese para isso é a ocorrência de processos de autoeliminação entre os estudantes de estabelecimentos públicos e privados, em decorrência da notoriedade do colégio e de sua posição nos *rankings*.[18]

Em 2010, tem início uma tendência à elevação, com pequenas variações, do número de inscritos nos processos seletivos, atingindo-se, em 2013, a mais alta relação candidato/vaga. No ano de 2010, o percentual de candidatos provenientes da rede pública foi de 48,5% do total de inscritos. Em 2011, esse percentual se mantém praticamente o mesmo (49,1%), indicando que a tendência ao crescimento do número de candidatos deriva menos da implantação, em 2010, da política de ação afirmativa,[19] e mais do aumento da procura por parte de egressos de instituições de ensino privadas, provavelmente o resultado da visibilidade nacional advinda da estabilidade da posição nos *rankings*, dado que esse foi o terceiro ano consecutivo que o colégio figurou na primeira posição entre os estabelecimentos públicos de todo o país. Com efeito, os dados indicam que, a partir de 2010, sobe para cerca de 40% o percentual de candidatos provenientes de cidades distantes em mais de 100 km de Viçosa, ao passo que, nos anos anteriores, predominavam candidatos que residiam em cidades da zona da mata mineira cujo percentual girava em torno dos 75%.

---

18. Em 2005, 49,5% dos candidatos ao exame de seleção do CAp/Coluni haviam frequentado escolas públicas no nível do ensino fundamental. Em 2006 e 2007, essa taxa foi de 51,2% e 50,6%, respectivamente. Nos anos de 2008 e 2009, essas mesmas porcentagens caíram para 48% e 46,9%, respectivamente. Tais dados parecem indicar que os processos de autosseleção podem ter afetado mais os estudantes de escolas públicas. Porém, no ano de 2007, a redução do número de inscritos ocorreu tanto entre aqueles que provieram de estabelecimentos públicos, quanto entre aqueles provenientes de estabelecimentos privados.

19. Em 2011, 48 estudantes ingressaram no CAp/Coluni usufruindo dessa política (32% do total de matriculados). Em 2013, 45 estudantes foram beneficiados com o bônus (30% do total de matriculados).

Mapa da origem geográfica dos

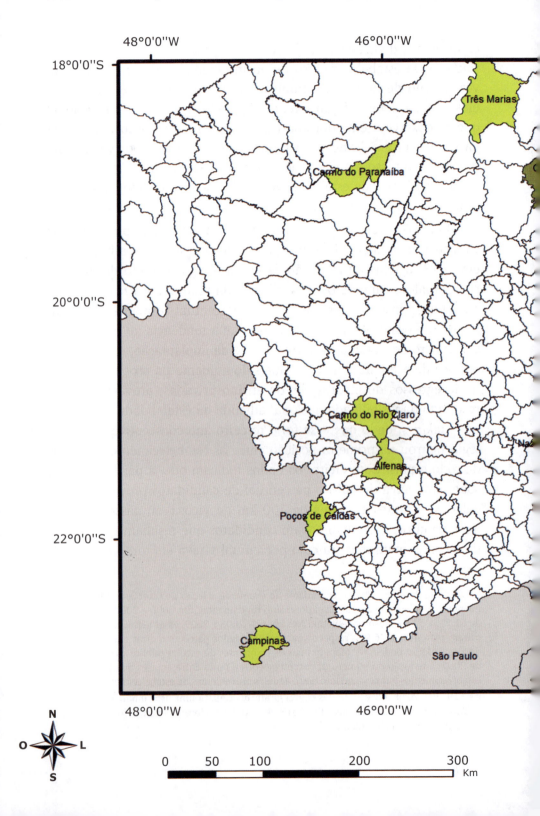

alunos do CAp/Coluni – 2011

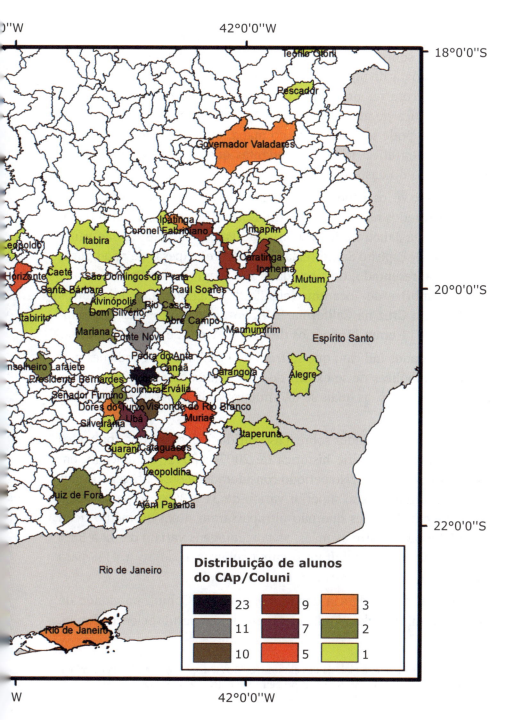

Elaborado por: AMARAL, M. S.; LACERDA, W. M. G.
Base de dados: Geominas
Sistema de Projeção: SAD/69
Data: 2002.

A manutenção dessa posição e a repercussão de uma série de reportagens sobre o colégio na mídia impressa e televisiva durante semanas após a divulgação, pelo Inep, das proficiências médias por escola, parecem ter produzido também um efeito de ampliação da área geográfica de atratividade do CAp/Coluni. A abrangência dessa atratividade pode ser observada no mapa, onde figuram dados sobre a origem geográfica dos 151 estudantes que, em 2011, cursavam o primeiro ano do ensino médio.

Como se vê, os estudantes aprovados no processo seletivo de 2011 foram recrutados nos estados de Minas Gerais,[20] Rio de Janeiro (cidades de Rio de Janeiro e Itaperuna), São Paulo (cidades de São Paulo e Campinas), Espírito Santo (cidade de Alegre). Apesar de não figurar no mapa apresentado, dois estudantes se originam da Bahia (cidade de Guanambi) e de Tocantins (cidade de Araguaína), e dois outros são de Santa Cruz na Califórnia/EUA. Portanto, 70,8% dos primeiranistas de 2011 eram originários de fora de Viçosa e de seu entorno.

Esses dados indicam que se trata de famílias com condições materiais e simbólicas de se extrair de seus contextos e de efetivar suas escolhas escolares, as quais se dão numa escala geográfica de grande amplitude.

Com efeito, os dados sobre a escolaridade dos pais dos aprovados do CAp/Coluni, na série histórica de 2007 a 2011, evidenciam, em parte, essas condições. No período considerado, a porcentagem de pais que concluíram o curso superior variou de 31 a 39%, ao passo que a porcentagem daqueles que não ultrapassaram o ensino médio ficou entre 53 e 62%. Entre as mães, as porcentagens variam de 52 a 58% para aquelas que concluíram o curso superior e de 36 a 41% para aquelas que não ultrapassaram o ensino médio.

O local de residência dos alunos do CAp/Coluni, na cidade de Viçosa, permite também uma inferência de seu perfil socioeconômico.

---

20. De onde provém a maioria dos alunos (N = 139), dispersos por 54 cidades mineiras, das quais Viçosa, obviamente, em primeiro lugar (N = 23), seguida de Ponte Nova (N = 11) e de Visconde do Rio Branco (N = 10). Estas duas últimas cidades localizam-se a aproximadamente 45 km de Viçosa.

SOCIOLOGIA DO ENSINO MÉDIO

A distribuição socioespacial na cidade dos primeiranistas de 2011 era a seguinte: 101 estudantes (67,3%) residiam no centro da cidade e nos logradouros mais próximos ao *campus* da UFV; 23 estudantes residiam em bairros próximos ao centro e caracterizados pela homogeneidade social de alto padrão; e 11 estudantes em bairros marcados por uma divisão interna entre segmentos de médio e de baixo padrão, mas com predominância de domicílios no segmento de padrão médio. Nos condomínios fechados de elevado padrão, residiam quatro estudantes. A presença de estudantes do CAp/Coluni nos bairros populares e mais distantes do centro era reduzida, apenas seis estudantes.[21] Portanto, os locais de moradia dos estudantes indicam que a grande maioria deles pertence a famílias socialmente favorecidas.

Alves et al. (2012), muito recentemente, estimaram o nível socioeconômico (NSE) médio de 70 mil escolas públicas e privadas de educação básica de todo o Brasil, com a finalidade de subsidiar estudos e pesquisas educacionais. Nesse índice — e com base nos questionários contextuais aplicados no âmbito das avaliações da educação básica feitas pelo Inep, nos anos de 2001 a 2009 — os pesquisadores agregaram dados sobre a renda familiar, a ocupação e o nível de instrução dos pais. A partir daí, os autores construíram uma estratificação das escolas em sete grupos de acordo com o índice de NSE médio de seus alunos: "mais alto, alto, médio alto, médio, médio baixo, baixo e mais baixo". Nesse estudo, o índice estimado do CAp/Coluni foi de 6,96, o que o coloca no nível de NSE "alto",[22] corroborando os dados obtidos no âmbito da pesquisa que embasa este trabalho.

---

21. Os seis estudantes restantes residiam em cidades circunvizinhas a Viçosa: Teixeiras (2), Coimbra (1), Presidente Bernardes (1), Paula Cândido (1) e Canaã (1).

22. Alves e Soares (2012, p. 31) advertem, no entanto, que "O NSE de cada escola não deve, de forma alguma, ser absolutizado. Isto porque há uma variação em torno das médias. Qualquer inclusão de novos dados ou de itens pode alterar posições entre escolas próximas na ordenação. Por esta razão, o banco de dados com as informações das escolas contém também a medida do erro padrão da média. Este indica, de forma clara, que as médias possuem uma variação e as hierarquias derivadas não são absolutas. Isso limita a utilidade dos *rankings* de escolas".

No âmbito do mercado educacional local, quando se observa a proveniência escolar dos aprovados em 2011, evidencia-se a seguinte movimentação entre o CAp/Coluni e os estabelecimentos públicos e privados nos quais eles cursaram o 9º ano do ensino fundamental (o número entre colchetes indica o número de alunos):

FIGURA 1
Movimentação de alunos de estabelecimentos de Ensino Fundamental públicos e privados de Viçosa para o CAp/Coluni no ano de 2011

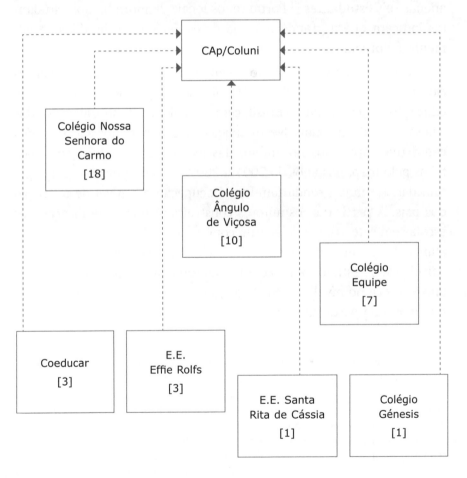

Fonte: Pesquisa direta no CAp/Coluni — 2012.

SOCIOLOGIA DO ENSINO MÉDIO

A Figura 1 mostra que a maior parte dos estudantes que cursaram o 9º ano do ensino fundamental em Viçosa e ingressaram no CAp/Coluni em 2011 frequentou três estabelecimentos privados: o Colégio Nossa Senhora do Carmo, o Colégio Ângulo de Viçosa e o Colégio Equipe, cujos índices de NSE são muito próximos ao do CAp/Coluni, a saber: 7,28, 6,82 e 6,87, respectivamente, integrando todos os três o mesmo grupo de NSE "alto", segundo a classificação de Alves, Soares e Xavier (2012), anteriormente mencionada. Já o índice de NSE das escolas públicas da cidade de Viçosa, de onde também provieram estudantes para o CAp/Coluni, são mais distantes do índice de NSE deste último colégio, a saber: 5,71 para a Escola Estadual Effie Rolfs e 4,81 para a Escola Estadual Santa Rita de Cássia.

Esses índices de NSE das escolas privadas e públicas de Viçosa de onde se originaram os primeiranistas de 2011 sinalizam a pertinência do conceito de "ecologia de mercado" (Yair, 1996) para exprimir esse contexto, caracterizado pela interdependência entre escolas com posições hierárquicas diferentes, onde a existência de um tipo de estabelecimento assegura a existência de outro.

2.2 As atividades voltadas para o interior

■ Organização das turmas

Após a seleção acadêmica do alunado, a organização das turmas ou "enturmação", no CAp/Coluni, é feita com base na ordem alfabética dos nomes dos estudantes matriculados, e esta organização é mantida até o final do ensino médio. As turmas são identificadas por letras: A, B, C e D. Em apoio a esse modo de organização, um dos gestores entrevistado declarou:

Na verdade [essa forma de enturmação] favorece a aleatoriedade total. Nós não temos influência, é feito por ordem alfabética [...]. A partir do momento que eles [os alunos] entram na primeira série na turma A, permanecem até o final naquela turma, o que favorece a integração entre eles.

O principal argumento utilizado para justificar essa prática é a homogeneidade do nível acadêmico do alunado que compõe as quatro turmas existentes, fator que é evidentemente assegurado pelo processo de seleção para ingresso no colégio. Eis o que revela um dos gestores do CAp/Coluni: "Se você olhar por bimestre, aqui as médias variam muito pouco de uma turma para outra... muito pouco... São bastante homogêneas".

Prática pedagógica considerada muito "resistente à mudança" (Gamoran, 2013), o agrupamento por habilidades (o chamado *tracking*) coloca alunos com diferentes níveis de desempenho em ambientes separados e adaptados a seu grau de proficiência. A análise de seus efeitos é muito controvertida na pesquisa educacional, embora, de modo geral, os sociólogos da educação a associem à reprodução e ao reforço das desigualdades sociais preexistentes à escola (cf. Gamoran, 2013). No caso do CAp/Coluni, a constituição de "turmas por nível" ("classes de *niveau*", cf. Van Zanten, 2005, 2006) pode ser dispensada, já que "todos são muito bons", como reitera um dos gestores do colégio.

Mas há também outro fator que parece respaldar esse modo de organização das turmas: a ausência de problemas importantes de disciplina no colégio, onde os alunos interiorizam amplamente as normas escolares. No entanto, é difícil dizer em que medida esse fator também decorre do fenômeno da seleção na entrada.

■ Organização e desenvolvimento do currículo

No CAp/Coluni, a cada ano é organizada — e aprovada pelo Colegiado da instituição — uma matriz curricular para as turmas ingressantes, a qual é "feita após uma avaliação da matriz curricular que se encontra em vigor", nas palavras de um dos gestores.[23]

---

23. Nas matrizes curriculares elaboradas nos anos de 2009, 2010, 2011 e 2012, apenas duas variações foram observadas. Na matriz curricular de 2010, retirou-se da terceira

SOCIOLOGIA DO ENSINO MÉDIO

Uma especificidade do currículo do CAp/Coluni — se comparado aos currículos de outras escolas públicas de ensino médio — parece ser o oferecimento, nos dois primeiros anos do curso, das disciplinas "Física Experimental", "Técnicas Gerais de Laboratório de Química" e "Técnicas Gerais de Laboratório de Biologia", com uma aula semanal para cada uma delas. Para o desenvolvimento das atividades, no âmbito dessas disciplinas, os professores do CAp/Coluni contam com o apoio de estagiários[24] e de monitores I e II[25] da UFV.

No desenvolvimento do currículo, os professores utilizam os livros selecionados no âmbito do Programa Nacional do Livro Didático.[26] No entanto, os livros não são a única ou a principal referência a partir da qual os professores organizam suas aulas. Esta professora declarou, em entrevista:

> Nós selecionamos os livros, recebemos os livros... No entanto, eu não me prendo ao livro. É um apoio para eles. Eu extrapolo muito o livro. Eu deixo isso claro para eles e dou as referências e o material extra que eles precisarem quando isto acontece, quando eu extrapolo. Mas o livro é importantíssimo para eles terem um norte. Eu digo para eles:

---

série a oferta de uma aula da disciplina "Técnicas Gerais de Laboratório — Biologia"; e, no ano de 2012, passou-se a oferecer, na primeira série, uma aula da disciplina "Língua Estrangeira Moderna — espanhol", o que antes ocorria apenas na segunda e terceira séries.

24. Em 2011, estagiaram no CAp/Coluni 39 licenciandos. Desses, 11 vieram do curso de Física e sete do curso de Química. Os demais provinham dos cursos de Dança, Ciências Sociais, Pedagogia, História e Letras. No ano de 2012, de um total de 52 estagiários, 13 eram do Curso de Ciências Biológicas e 15 do curso de Química. Os demais vieram dos cursos de Ciências Sociais, Matemática, Física, Geografia e História. É lícito supor o bom desempenho acadêmico desses estagiários, uma vez que eles não desconhecem o quanto serão exigidos em suas atividades de iniciação profissional, num colégio cujo nível acadêmico dos estudantes é elevado.

25. Os monitores I são graduandos e os monitores II são mestrandos e doutorandos.

26. A escolha dos livros didáticos feita pelo CAp/Coluni é objeto de atenção e interesse por parte de outros estabelecimentos de ensino públicos e privados da região, evidenciando, mais uma vez, sua influência sobre eles. Um dos gestores do colégio afirmou: "Eu vou te falar [...] a questão da escolha dos livros didáticos. Eles [os estabelecimentos de ensino] ficam esperando a gente escolher para escolher também. [...] Eles pedem aqui quais textos estão sendo utilizados. Eles pedem e a gente passa. As provas do exame de seleção de anos anteriores, a gente passa... Vários coordenadores me ligam e perguntam".

"o caderno é o seu primeiro amigo, para você saber para onde você vai procurar no livro, onde a professora está". Eu não fecho no livro de jeito nenhum. A aula é bem aberta. Eu extrapolo mesmo.

A implementação do currículo pelos professores do CAp/Coluni é marcada por um alto nível de exigência acadêmica e por expectativas elevadas em relação aos alunos. Uma ex-aluna entrevistada confessou: "eu acho que eles [os professores] queriam que a gente aprendesse [...] faziam de tudo para a gente aprender e sabiam que podiam colocar uma carga muito pesada, pois a gente ia dar conta". Assim, os alunos são continuamente incitados ao esforço, ao bom desempenho e ao trabalho escolar benfeito, produzindo efeitos de plena "adesão à escola" (Bourdieu, 1989).

Ressalte-se também a mobilização dos professores para um ensino de alta qualidade ou para formar os "melhores", como se depreende do relato desta professora:

Eu acredito que os *rankings* não movem a nossa prática. Isso não move. Acho que eu posso falar na perspectiva individual. Isso não move a minha prática. Porque o Coluni foi primeiro, o ano que vem tem que ser também... Porque o Coluni aprovou não sei quantos em medicina ou nos melhores cursos, no próximo ano tem que ser assim também... Eu acredito que isso é um consenso. Isso não move a nossa prática. A gente tem uma responsabilidade, um compromisso de manter uma qualidade, manter um nível, muito mais para dar uma formação, um bom nível para os alunos do que para manter as posições... Eu acho que é uma consequência.

Essa mobilização resulta, dentre outros fatores, da satisfação que o professor experimenta no exercício da profissão, em decorrência de suas condições de trabalho. Uma professora afirmou:

cada professor exerce bem a sua autonomia, toma suas decisões sobre como agir. É algo que me deixou muito feliz quando eu cheguei aqui. Ser a professora que eu acredito que possa ser, com os projetos que eu tenho em mente, com as atividades que eu acho que são relevantes.

SOCIOLOGIA DO ENSINO MÉDIO

Associa-se a essa mobilização dos professores a coesão entre eles em torno de um projeto comum: a formação de uma elite escolar. Isso pode ser observado por ocasião da distribuição dos encargos didáticos entre eles,[27] a qual é feita respeitando a especialidade de cada professor. Assim, um mesmo professor pode circular pelas três séries num mesmo ano letivo, lecionando unidades do programa da disciplina nas quais se especializou, o que qualifica suas aulas, ao mesmo tempo que lhe proporciona satisfação profissional e reconhecimento dos alunos. Outra evidência da coesão da equipe ocorre nos casos em que é preciso contratar um professor substituto. Nesses casos, o recém-contratado assume parte das aulas de determinada disciplina nas quatro turmas de uma mesma série, enquanto o professor efetivo assume as aulas teóricas nessas mesmas turmas. Isso garante a presença do professor efetivo em todas as turmas de uma mesma série e, portanto, a manutenção de determinada lógica de ação pedagógica.

■ Atendimento individualizado dos estudantes

Dentre as práticas docentes relacionadas ao trabalho dos alunos, destaca-se o atendimento individual a eles dedicado, o que se dá nos moldes descritos por esta professora:

> Então o aluno senta aqui do meu lado e expõe suas dúvidas e a gente vai conversando sobre elas. É muito bom. É um procedimento que a gente tem e que salva os alunos, no sentido de que eles chegam no eixo, vão se adaptando à nova realidade [...]. Eles chegam e perguntam: "como é que faz isso?" Eu digo: "como você pensou?" Então ele começa: "eu pensei isso e isso". Raro são os alunos que dizem: "eu não fiz nada". Raros. São raros mesmo. Eles sempre fazem e chegam querendo saber. Descrevem o que fizeram e dizem: "a partir daqui não deu mais". Então a partir dali eu explico. Sempre os escuto primeiro, para fazer sentido.

---

27. Os professores do CAp/Coluni ministram em média 12 horas-aula semanais, o que fica muito próximo da carga horária semanal mínima dos professores das universidades federais que é de 8 horas-aula.

O relato de uma ex-aluna entrevistada confirma as palavras da professora e ainda sinaliza — com o termo genérico "professor" — que se trata de procedimentos bastante comuns entre os docentes do colégio. Segundo ela,

> nós fazíamos muitos exercícios. Então, a gente chegava e falava para o professor: "estamos com dúvida nesse exercício". Começávamos a explicar o nosso raciocínio e o professor dizia: "vocês erraram aqui". A gente fazia e o professor mostrava onde estava errado.

Esse tipo de conduta, ao mesmo tempo que auxilia o estudante na apropriação dos conteúdos curriculares, instrumentaliza os professores com informações sobre as maneiras discentes de estudar e sobre os conhecimentos prévios e processos cognitivos dos jovens, o que, ao longo do tempo, qualifica os docentes no desenvolvimento de suas estratégias de ensino em sala de aula. Além disso, o atendimento concedido pelos professores, em seus gabinetes, aos estudantes parece também elevar a qualidade das interações entre professores e alunos, o que favorece o investimento destes últimos no trabalho escolar (cf. Felouzis e Perroton, 2007).

Considerações finais

"Quem quer assumir a responsabilidade de baixar a nota do Coluni?" Essa pergunta, formulada por um dos gestores durante entrevista a nós concedida, sintetiza e expressa de modo subliminar as relações entre os atuais *rankings* de estabelecimentos de ensino e as lógicas das ações do CAp/Coluni ou, em outros termos, o fato de que a posição estável e elevada desse colégio nessas listas classificatórias influencia suas práticas pedagógicas e organizatórias, com vista à manutenção ou incremento dessa posição relativa. As incitações à melhoria da posição do CAp/Coluni (em relação aos estabelecimentos privados que também se encontram no topo do *ranking* nacional),

SOCIOLOGIA DO ENSINO MÉDIO

feitas por alunos e ex-alunos do colégio nas redes sociais, é também um bom indicador desses efeitos.

No entanto, a posição objetiva do CAp/Coluni no topo dos *rankings*, na hierarquia dos estabelecimentos e no quase-mercado escolar, sua alta reputação e capacidade de atração de alunos — estruturante das lógicas de ação desse estabelecimento de ensino — apresenta variações na dimensão desses efeitos, segundo a natureza das atividades que se considera. O incremento da mobilização e coesão dos professores e da equipe pedagógica em torno de um projeto comum — a formação de uma elite escolar — é um dos efeitos mais observáveis.

Os resultados descritos indicam que a lógica de "rentista" é a orientação predominante das ações, pois a posição favorável do CAp/Coluni nos *rankings* permite usufruir dos rendimentos dessa situação, especialmente porque favorece a atração de "bons" alunos e a manutenção das boas condições de trabalho dos professores e de toda a equipe pedagógica em razão da natureza do público do colégio, o que, num movimento circular, contribui para manter sua posição elevada nas hierarquias escolares.

No CAp/Coluni, a lógica de "rentista" que orienta as ações não significa menor esforço ou a comodidade de "viver de rendimentos". Pelo contrário, significa a necessidade — experimentada pelos atores — de manter a mobilização e a coesão em torno de objetivos comuns — a gestores, professores e alunos — e de atuar em favor da consolidação da reputação conquistada de ser uma instituição de excelência.

Referências bibliográficas

ALVES, Maria Teresa G.; SOARES, José Francisco. *O nível socioeconômico das escolas de educação básica brasileiras*. Belo Horizonte: Grupo de Avaliação e Medidas Educacionais (Game), UFMG; São Paulo: Instituto Unibanco, 2012. Disponível em: <http://www.todospelaeducacao.org.br/biblioteca/1468/o-nivel-socioeconomico-das-escolas-de-educacao-basica-brasileiras/>. Acesso em: mar. 2012.

ALVES, Maria Teresa G.; SOARES, José Francisco; XAVIER, Flávia P. *Nível socioeconômico das escolas de educação básica do Brasil*: banco de dados — versão 2. Belo Horizonte: Grupo de Avaliação e Medidas Educacionais (Game); São Paulo: Instituto Unibanco, 2012.

ANDRADE, Eduardo de C. *Rankings* em educação: tipos, problemas, informações e mudanças: análise dos principais *rankings* oficiais brasileiros. *Estudos Econômicos*, São Paulo, v. 41, n. 2, p. 323-43, abr./jun. 2011.

ANDRADE, Renato J.; SOARES, José Francisco. O efeito da escola básica brasileira. *Estudos em Avaliação Educacional*, v. 19, n. 41, p. 379-406, set./dez. 2008.

BALL, Stephen J. Mercados educacionais, escolha e classe social: o mercado como uma estratégia de classe. In: GENTILI, Pablo (Org.). *Pedagogia da exclusão*: crítica ao neoliberalismo em educação. Petrópolis: Vozes, 2005. p. 196-227.

BARBALHO, Duarte Magalhães. *O Colégio de Aplicação — CAp/Coluni da Universidade Federal de Viçosa*: histórias de sucesso (memórias e identidade). Dissertação (Mestrado em Educação) — Universidade Federal de Juiz de Fora, Juiz de Fora, 2008. 163p.

BARTHON, Catherine; MONFROY, Brigitte. Les espaces locaux d'interdépendance entre collèges : l'exemple de la ville de Lille. *Espace Populations Sociétés*, n. 3, p. 385-96, set. 2005.

BOURDIEU, Pierre. *La noblesse d'état:* grandes écoles et esprit de corps. Paris: Les Editions de Minuit, 1989. p. 140-62.

BRASIL. Ministério da Educação. Instituto Nacional de Estudos e Pesquisas Educacionais (Inep). *Proficiências médias dos participantes do Enem 2012 por escola*. (Nota Técnica). Disponível em: <http://sistemasenem2.inep. gov.br/enemMediasEscola/pdf/notatecnicaenem.pdf>. Acesso em: jan. 2013.

_____. Instituto Nacional de Estudos e Pesquisas Educacionais (Inep). *Proficiências médias dos participantes no Enem 2012 por escola (Nota Técnica)*. Disponível em: <http://sistemasenem2.inep.gov.br/enemMediasEscola/pdf/ notatecnicaenem.pdf>. Acesso em: jan. 2013.

CALDERÓN, Adolfo I.; POLTRONIERI, Heloísa; BORGES, Regilson Maciel. Os *rankings* na educação superior brasileira: políticas de governo ou de Estado? *Ensaio*: Aval. Pol. Públ. Educ., Rio de Janeiro, v. 19, n. 73, p. 813-26, out./dez. 2011.

SOCIOLOGIA DO ENSINO MÉDIO

CHARLOT, Bernard; ROCHEX, Jean-Yes. L'enfant-éleve: dynamiques familiales et experience scolaire. Familles et école. *Lien Social et Politique, RIAC*, Print. n. 35, p.137-52, 1996.

COSTA, Márcio da; KOSLINSKI, Mariane C. Escolha, estratégia e competição por escolas públicas. Pensando a ecologia do quase mercado escolar. In: REUNIÃO ANUAL DA ANPOCS, 33., *Anais...*, 2009.

_____; _____. Quase-mercado oculto: disputa por escolas "comuns" no Rio de Janeiro. *Cadernos de Pesquisa*. v. 41, n. 142, p. 246-66, jan./abr. 2011.

DELVAUX, Bernard. Compétition entre écoles et ségrégation des élèves dans six espaces locaux européens. *Revue Française de Pédagogie*, n. 156, p. 63-73, jul./set. 2006.

_____; VAN ZANTEN, Agnès. Les établissements scolaires et leur espace local d'interdépendance. *Revue Française de Pédagogie*, n. 156, p. 5-8, jul./set. 2006.

_____; JOSEPH, Magali. Hiérarchie scolaire et compétition entre écoles: le cas d'un espace local belge. *Revue Française de Pédagogie*. Paris, n. 156, p. 19-27, jul./set. 2006.

FELOUZIS, Georges; PERROTON, Joëlle. Repenser les effets d'établissement: marchés scolaires et mobilisation. *Revue Française de Pégagogie*, n. 159, p. 103-118, abr./jun. 2007.

FRANCO, Ana Maria P.; MENEZES FILHO, Naércio. Uma análise de rankings de escolas brasileiras com dados do Saeb. *Revista de Estudos Econômicos*. São Paulo, v. 42, n. 2, p. 263-83, abr./jun. 2012.

FOREQUE, Flávia. Públicas têm só 3 escolas entre as 50 melhores do Enem. *Folha de S.Paulo*, São Paulo, 23 nov. 2012, caderno Cotidiano, p. 5.

GAMORAN, Adam. *Tracking* e desigualdade: novas direções para pesquisa e prática. In: APPLE, M., BALL, S., GANDIN, L. A. *Sociologia da educação*: análise internacional. Porto Alegre: Penso, 2013. p. 239-55.

MAROY, Christian. ¿Por qué y cómo regular el mercado educativo? *Profesorado. Revista de Currículum y Formación del Profesorado*, s/l., v. 12, n. 2, p. 1-11, jun./jul. 2008.

MORENO, Ana Carolina. 1º lugar no curso mais concorrido da FUVEST ainda não decidiu pela USP. G1, São Paulo. Disponível em: <http://g1.globo.com/vestibular-e-educacao/noticia/2012/02/1-lugar-n...>. Acesso em: fev. 2012.

NOGUEIRA, Maria Alice. A escolha do estabelecimento de ensino pelas famílias. A ação discreta da riqueza cultural. *Revista Brasileira de Educação*, Rio de Janeiro, n. 7, p. 42-56, jan./abr. 1998.

_____. A construção da excelência escolar — um estudo de trajetórias feito com estudantes provenientes das camadas médias intelectualizadas. In: _____; ROMANELLI, G.; ZAGO, N. *Família & Escola*: trajetórias de escolarização em camadas médias e populares. Petrópolis: Vozes, 2000. p. 125-54.

OLIVEN, Arabela C. A marca de origem: comparando *colleges* norte-americanos e faculdades brasileiras. *Cadernos de Pesquisa*, São Paulo, v. 35, n. 125, p. 111-35, maio/ago. 2005.

RESENDE, Tânia de F.; NOGUEIRA, Cláudio M. M.; NOGUEIRA, Maria Alice. Escolha do estabelecimento de ensino e perfis familiares: uma faceta a mais das desigualdades escolares. *Educação & Sociedade.* Campinas, v. 32, n. 117, p. 953-70, out.-dez. 2011.

ROTHEN, José Carlos; BARREYRO, Glayds B. Avaliação da educação superior no segundo governo Lula: "Provão II" ou a reedição de velhas práticas? *Educação & Sociedade*, Campinas, v. 32, n. 114, p. 21-38, jan./mar. 2011.

SCHWARTSMAN, Hélio. A festa das avaliações. *Folha de S.Paulo,* São Paulo, 24 de nov. 2012, caderno Opinião, p. A2.

SOARES, José Francisco. A avaliação como instrumento de garantia do direito à educação. *Cadernos Cenpec*, São Paulo, v. 2, n. 1, p. 183-213, jul. 2012.

SOUZA, Sandra Z. L. de; OLIVEIRA, Romualdo P. de. Políticas de avaliação da educação e quase mercado no Brasil. *Educação & Sociedade,* Campinas, v. 24, n. 84, p. 873-95, set. 2003.

UNIVERSIDADE FEDERAL DE VIÇOSA. *Relatórios Anuais de Atividades*, 1984. 2011, 28 v.

VAN ZANTEN, Agnès. Stratégies utilitaristes et stratégies identitaires des parents vis-à-vis de l'école: une relecture critique des analyses sociologiques. *Lien Social et Politique, RIAC*, Printemps, n. 35. p. 125-36, 1996.

_____. Efeitos da concorrência sobre a atividade dos estabelecimentos escolares. *Cadernos de Pesquisa*, São Paulo, v. 35, n. 126, p. 565-93, set./dez. 2005.

VAN ZANTEN, Agnès. Compétition et fonctionnement des établissements scolaires: les enseignements d'une enquête européenne. *Revue Française de Pédagogie*, n. 156, p. 9-17, jul./set. 2006.

_____. *Choisir son école*: stratégies familiales et médiations locales. Paris: PUF, 2009.

_____. A escolha dos outros: julgamentos, estratégias e segregações escolares. *Educação em Revista*. Belo Horizonte, v. 26, n. 3, p. 409-34, dez. 2010.

YAIR, Gad. School organization and market ecology: a realist sociological look at the infrastructure of school choice. *British Journal of Sociology of Education*, v. 7, n. 4, p. 453-71, 1996.

L'ÉCOLE DE LA PÉRIPHÉRIE (A ESCOLA DA PERIFERIA) REVISITADA*

Agnès van Zanten

A redação de um posfácio para a 2ª edição de um livro é uma atividade agradável, porque tal convite indica que a publicação inicial encontrou algum interesse entre os leitores e acabou sendo incluída na bibliografia sobre o assunto. É também um exercício interessante porque convida a adotar uma postura reflexiva para avaliar o alcance e os limites das interpretações propostas do ponto de vista da sua capacidade, tanto para dar conta de processos sociais e políticos que evoluem ao longo dos anos, quanto para levar em conta elucidações complementares ou concorrentes fornecidas por pesquisas posteriores, incluindo as que foram empreendidas pela própria autora. No entanto, é um exercício delicado em virtude da dificuldade para encontrar a distância apropriada e o tom adequado em relação

---

* Tradução do original "Postface à la deuxième édition. *L'école de la périphérie* revisitée", por Guilherme João de Freitas Teixeira.

a um trabalho pessoal e, ao mesmo tempo, por causa da impossibilidade de passar sistematicamente pelo crivo de um olhar crítico o conjunto de suas conclusões.

L'école de la périphérie propõe uma interpretação global dos processos locais implementados em estabelecimentos escolares da periferia, privilegiando a análise da construção e dos efeitos da segregação — social, étnica e escolar — que os caracteriza e os distingue de outros estabelecimentos. Em nosso entender, essa ambição e essa perspectiva continuam sendo pertinentes por duas razões: por um lado, as mudanças sociais e políticas, constatadas dez anos após a publicação inicial, avançam no sentido... de uma acentuação dos processos observados na década de 1990, ... seja de novas respostas políticas diante da constatação de sua persistência ou de sua intensificação. Por outro, se algumas interpretações devem ser reformuladas e completadas com base nas pesquisas empreendidas desde o lançamento do livro, nenhum desses trabalhos chega a questionar radicalmente, em nossa opinião, o quadro global de análise, nem os principais resultados das investigações em que elas se baseavam.

Acentuação das segregações e oportunidades individuais em relação ao futuro

Várias pesquisas mostraram a acentuação, durante a década de 2000, da concentração das populações desfavorecidas em alguns territórios e estabelecimentos escolares, nomeadamente na região parisiense, periferia em que havíamos empreendido nosso estudo. Alguns desses trabalhos, incluindo os nossos, enfatizaram também os vínculos entre essa concentração e as estratégias de agregação no espaço urbano e escolar das classes médias superiores (Preteceille e Oberti, 2007; Van Zanten, 2009c); no entanto, trata-se de uma dimensão em que não insistimos suficientemente nesse livro no qual havíamos optado por focalizar a análise nas dinâmicas internas aos bairros e aos estabelecimentos desfavorecidos. Esses estudos e ainda outros confirmaram também o caráter não só social, mas também étnico dessa segregação (Felouzis; Liot; Perroton, 2007). Outras pesquisas, ainda, permitiram estender as conclusões de nossa investigação monográfica sobre os efeitos dos processos segregativos, no tocante ao sucesso escolar, ao estabelecer a existência de uma relação estatisticamente significativa entre o grau de concentração dos públicos desfavorecidos em alguns *collèges* [escolas de anos finais do ensino fundamental] — especialmente, quando ele resulta não só da implantação dos estabelecimentos, mas também de dinâmicas competitivas locais — e a situação global de subsucesso [*sous-réussite*] de alguns departamentos, nomeadamente os de Ile-de-France [região que inclui Paris e os departamentos limítrofes] (Broccolichi; Ben Ayed; Trancart (Orgs.), 2010).

No decorrer do mesmo decênio, os efeitos dessas segregações tornaram-se mais visíveis. Os estabelecimentos e os bairros da periferia foram objeto — em um ritmo mais constante do que na década de 1990 — de reportagens, de relatos autobiográficos e de ficções cinematográficas que colocaram em cena as violências escolares e urbanas, ou a vida quotidiana dos alunos, dos professores ou dos diretores de escola. Se algumas dessas produções adotam uma perspectiva realista — ou, de vez em quando, resolutamente otimista —, a maioria apresenta uma tonalidade miserabilista. A ação pedagógica e educativa dentro dos estabelecimentos foi objeto igualmente de avaliações muito negativas. Aquelas que incidem sobre o funcionamento pedagógico dos estabelecimentos abrangidos pela educação prioritária foram particularmente severas, confirmando a presença, em ampla escala, dos processos de adaptação das práticas profissionais que estudamos em detalhe no livro. A conclusão destas avaliações é que os dispositivos implantados pela educação prioritária não produzem qualquer efeito significativo sobre o sucesso dos alunos (Caille, 2001; Bénabou; Kramarz; Prost, 2004). Na verdade, as boas trajetórias dos alunos que atingem a classe de *seconde* [correspondente ao 1º ano do ensino médio] sem que sua repetência seja mais frequente do que a de seus colegas dotados de características individuais comparáveis, mas escolarizados em outros tipos de estabelecimento — são explicada pela menor seletividade das práticas de avaliação, de gestão dos fluxos e de orientação nesses estabelecimentos. Por sua vez, as avaliações relativas à disciplina constatam a manutenção das "incivilidades" e de uma "fratura social", nesse domínio, entre os estabelecimentos da periferia e os outros (Débarbieux, 2006).

Essas representações negativas reforçaram o status de "problema público" dos estabelecimentos e dos territórios da periferia. Em particular, elas levaram a apreendê-los unicamente sob a perspectiva do confinamento e da relegação das populações desfavorecidas, assim como dos riscos de desintegração social e de crise do modelo social francês, nomeadamente após os motins urbanos muito violentos, na França, no outono de 2005. Tal contexto exigia claramente respostas no plano político: algumas foram imediatas, enquanto outras seguiram a mudança de governo em 2007. Situando-se na continuidade das lógicas, já em curso na década de 1990, sobre a dupla transição de uma ação territorial para uma ação cujo alvo visava populações específicas e de uma ação de luta contra o fracasso em direção de uma ação destinada a alcançar a "excelência" (Rochex, 2010), os dispositivos propostos incentivavam, no entanto, muito mais nitidamente do que havia ocorrido no passado — a par de ações destinadas a limitar a exclusão da maioria dos alunos —, a promoção dos mais merecedores entre eles fora dos bairros e estabelecimentos da periferia. Trata-se, assim, de mostrar que o estado deve prestar assistência, mas sobretudo aos indivíduos cuja motivação e cujo esforço asseguram simultaneamente o mérito e a capacidade de aproveitar novas oportunidades, além de renovar a gestão educativa pelo recurso à experimentação e às parcerias público-privadas (Van Zanten, 2009a, p. 478-94).

O exemplo mais emblemático dessa virada são as políticas chamadas de "abertura social" lançadas pelas *grandes écoles*[1] na década de 2000 e institucionalizadas pelo governo sob o rótulo de "correntes

---

1. Instituições de ensino superior, independentes do sistema universitário francês, que recrutam por concurso e se destinam a formar as elites intelectuais e dirigentes da nação. (N.T.)

do sucesso" ["cordées de la réussite"], em 2008: tais políticas apoiam-se em intervenções "sob medida" junto a um pequeno número de alunos não só para ajudá-los a integrar ramos seletivos do ensino superior com o objetivo de renovar a imagem tanto das elites pela presença de um número reduzido de representantes de grupos desfavorecidos, quanto de estabelecimentos de ensino superior seletivos por seu investimento na "causa" da luta contra as desigualdades, mas também para transformar os beneficiários desses dispositivos em modelos para os outros alunos oriundos dos mesmos meios e, assim, criar dinâmicas de alcance mais geral nas famílias, nos estabelecimentos e nos territórios da periferia (Van Zanten, 2010, p. 69-96). No mesmo espírito, mas com uma visão menos seletiva da excelência e destinados a alunos mais jovens, têm sido experimentados também "internatos de excelência" no interior dos quais os alunos se beneficiam não tanto, como é indicado pelos textos oficiais, de um projeto pedagógico e educativo inovador, mas da possibilidade de derrogar a lei de setorização da matrícula para ter acesso não só a excelentes estabelecimentos fora do setor, mas também a uma importante oferta de atividades culturais e esportivas — e, por isso mesmo, de uma real "requalificação simbólica" (Glasman e Rayou, 2012). A flexibilização da setorização situa-se nessa mesma perspectiva. A promoção dos alunos desfavorecidos fora dos estabelecimentos de má reputação é, com efeito, simbolicamente — senão, na realidade — evidenciada pela prioridade formal que é atribuída ao critério "bolsista" na outorga das derrogações (Van Zanten e Obin, 2010).

Intensificação da competição e relegação para os escalões mais baixos

O surgimento dessas políticas explica-se também pela intensificação da concorrência entre grupos sociais para ter acesso aos melhores estabelecimentos e ramos de formação. As pesquisas que havíamos empreendido na década de 2000 sobre as estratégias de opção de escola por parte das classes médias intermediárias e superiores (Van Zanten, 2009c), assim como outros trabalhos sobre o mesmo tema, nos permitem revisitar a questão da relegação das classes populares, do ponto de vista de seu lugar na competição escolar, a partir de duas perspectivas complementares. A primeira diz respeito à desigual distribuição dos recursos entre os grupos sociais. A sociologia da educação francesa atribuiu, durante muito tempo, uma posição central ao papel do capital cultural; todavia, nossas pesquisas, assim como outros trabalhos mais recentes (Maurin, 2004), incentivam a revalorizar a influência do capital econômico. Este último permite que os grupos mais abastados não só procedam a escolhas no tocante ao local de suas residências ou de estabelecimentos privados com muito boa reputação pouco acessíveis a outros grupos, mas também disponham de trunfos suplementares, mediante pagamento, para apoiar a competição, tais como os cursos particulares ou as estadas linguísticas no exterior. As classes populares encontram-se, além disso, em desvantagem relativamente a algumas frações das classes médias e superiores que exercem ofícios relacionais e próximos da escola e, por isso mesmo, detentoras de um capital social local e institucional que permite a seus membros a obtenção de derrogações para escolarizar os filhos fora do setor, a negociação dos percursos privilegiados no interior dos estabelecimentos locais ou a promoção de um esforço coletivo para aprimorar o funcionamento dessas escolas; elas recorrem, certamente, a mudanças escolares para contornar decisões institucionais desfavoráveis, tais como a repetência ou a exclusão, mas essas mudanças, em razão de seu acúmulo e do tipo de estabelecimentos selecionados, acabam tendo efeitos mais negativos que positivos sobre o sucesso e a integração no plano escolar dos filhos (Ben Ayed, 2011).

Esses trabalhos mostram igualmente que a concentração das crianças oriundas das classes populares em estabelecimentos da periferia não se explica somente pelas limitações de sua capacidade para agir, mas também pelo evitamento de que são objeto por parte de outros grupos sociais (Van Zanten, 2006a; 2009b, p. 25-34; Felouzis e Perroton, 2009, p. 92-101). A abertura e a unificação formal dos sistemas de ensino são acompanhadas, em numerosos sistemas escolares, pela ampla difusão de teorias sobre a "desvantagem [*handicap*] sociocultural" das crianças e dos jovens oriundos dos grupos socioétnicos desfavorecidos, contribuindo para transformá-los em indivíduos indesejáveis [*repoussoirs*] para os outros grupos sociais. Assim, para julgar a qualidade dos estabelecimentos, os pais dos grupos favorecidos fiam-se, em grande parte, nas características de seu público não só porque se trata de um critério a que se tem acesso de modo relativamente fácil (Felouzis e Perroton, 2007, p. 693-722), mas porque eles atribuem pouco crédito à capacidade das políticas e das práticas pedagógicas para alterar a conjetura social. A esse aspecto, acrescenta-se o fato de que, para esses pais, a escolha por determinada escola faz parte de uma estratégia mais global de reprodução de seu *status*, o que os leva a colocar à distância todos aqueles cuja posição social e cujas práticas culturais depreciam, em seu entender, o valor dos estabelecimentos e são suscetíveis de comprometer a eficácia de seus modelos de socialização (Van Zanten, 2013a). Essa dupla forma de marginalização, por falta de recursos e por efeito de rejeição [*repoussoir*], engendra um tremendo sentimento de injustiça entre as classes populares da periferia e incentiva a adesão de alguns de seus membros às políticas de promoção individual, evocadas na seção precedente.

A localização no escalão mais baixo concerne igualmente os estabelecimentos escolares, vítimas também das dinâmicas competitivas. No livro, *L'école de la périphérie*, aprofundamos alguns efeitos negativos engendrados pela existência de formas de concorrência entre estabelecimentos relativamente à retenção de alunos de bom nível, oriundos das classes médias. O estudo comparativo internacional que empreendemos, posteriormente, em colaboração com outros colegas, no âmbito de um projeto europeu, levou-nos a desenvolver, no entanto, um modelo mais sistemático de análise da maneira como os estabelecimentos são afetados, de modo desigual e diferente, por sua inscrição em espaços de concorrência em função da intensidade da competição, assim como de sua posição em uma escala de reputação vinculada a seus resultados e a seu público (Van Zanten, 2006b, p. 9-17; Maroy e Van Zanten, 2007, p. 464-78; Maroy,

2006). Tal modelo estabelece a distinção entre quatro tipos de lógicas de ação: renda, conquista, diversificação e adaptação. Sua articulação em um período de longa duração no interior do mesmo espaço produz efeitos em cascata que nossos trabalhos não nos permitiram aprofundar, mas que têm sido estudados de maneira bastante criteriosa por outros pesquisadores (Barthon e Monfroy, 2006, p. 29-38).

Os estabelecimentos da periferia adotam, na maior parte dos casos, lógicas de adaptação ou de diversificação. A adaptação caracteriza os mais escapistas que, ao acolherem logo um público majoritariamente desfavorecido e em situação de fracasso, perderam todas as esperanças de melhorar sua reputação e colocam-se em posição de recuo relativamente às dinâmicas concorrenciais locais, o que é acompanhado frequentemente por uma focalização sobre a socialização, em vez de enfatizar as aprendizagens dos alunos, mas pode também, de forma mais rara, suscitar formas de mobilização pedagógica (Van Zanten et al., 2002). Os estabelecimentos com melhor reputação, que procuram evitar a qualque preço sua guetização, inscrevem-se de preferência em uma lógica de diversificação. Eles atuam de modo a fazer desaparecer ou a ocultar a existência de problemas de disciplina, mas sobretudo a desenvolver uma oferta segmentada: ao lado das classes "normais" ou orientadas para o apoio aos alunos em dificuldade, existem classes que permitem aos bons alunos a prossecução dos percursos protegidos.

Em compensação, esses estabelecimentos encontram sérios obstáculos para desenvolver lógicas de conquista — que lhes permitiriam atrair alunos que vivem fora de seu setor — por terem falta de recursos e, em primeiro lugar, de uma boa reputação. Alguns conseguem, todavia, lutar para captar opções e também, em número crescente — mas isso ocorre sobretudo no caso dos *lycées* [estabelecimentos de ensino médio] e não dos *collèges* —, parcerias de prestígio. As lógicas de renda são, por sua vez, em geral reservadas, nas cidades da periferia que foram bem-sucedidas na conservação de certa heterogeneidade social e escolar, a um ou dois estabelecimentos públicos do centro da cidade que conseguem manter intacta sua reputação mediante uma rigorosa seletividade. As posições no topo da escala local dos estabelecimentos da periferia que adotam as duas últimas lógicas mencionadas são todavia precárias por serem incessantemente ameaçadas por estratégias similares, embora mais poderosas, por parte de estabelecimentos privados e de estabelecimentos públicos de prestígio, situados no centro das cidades, os quais dispõem, por razões diferentes, de uma margem mais ampla de ação para exibir francamente identidades organizacionais específicas e para selecionar seus alunos (Draelants e Dumay, 2011).

Aumento das pressões externas e fraca regulação das atividades internas

O quadro de análise adotado por *L'école de la périphérie* atribui também muita importância aos modos de compromisso e às práticas dos profissionais que trabalham nos estabelecimentos, incluindo as formas de coordenação e de enquadramento de suas atividades. As pesquisas publicadas depois da primeira edição desse livro reforçam nossas conclusões sobre a natureza dos processos em ação, levando-nos ao mesmo tempo a tornar complexa sua interpretação e a indicar com maior precisão as condições de sua generalização. Em relação aos docentes, as enquetes que havíamos empreendido em colaboração com Patrick Rayou (Rayou e Van Zanten, 2004) mostram que, se algumas práticas estão, em particular, presentes nos estabelecimentos da periferia, não é só por causa das características dos alunos — aspecto sobre o qual havíamos insistido nesse livro —, mas também pelo fato de que tais estabelecimentos, em razão do funcionamento do sistema de afetação e de mutação dos docentes, concentram os professores mais jovens e mais inexperientes. Ao se darem conta do enfraquecimento dos quadros institucionais (Dubet, 2002), esses novos docentes adotam posturas mais pragmáticas e mais experimentais que os colegas mais velhos. Confrontados com um sistema escolar segregado, eles estão prontos para se adaptarem às diversas situações e contextos de ensino. Menos protegidos por seu *status*, eles mobilizam seus recursos pessoais para garantir a manutenção da ordem e aumentar a motivação dos alunos na classe. Por todas essas razões, eles não deixam de se deparar, em sua atividade profissional, com uma situação mais vulnerável que a dos docentes das gerações precedentes (Périer, 2009, p. 27-40).

Outras pesquisas mostram todavia que são, de fato, todos os docentes, jovens e menos jovens, que se sentem atenazados entre as exigências de seu trabalho cotidiano junto dos alunos que, em seu entender, são mais pesadas em razão tanto da maior dificuldade destes últimos para permanecerem concentrados em tarefas difíceis que lhes exigem um período mais longo para executá-las, quanto de sua menor adesão à cultura escolar (Pasquier, 2005), por um lado, e, por outro, em razão das pressões sociais e políticas em favor de maior eficácia. Tais pressões, mais intensas que aquelas verificadas na década de 1990, apoiam-se nos resultados das avaliações e das comparações internacionais, em particular, aquelas relacionadas com o programa Pisa,[2] que sublinham há vários anos a capacidade medíocre do sistema de ensino francês para fazer progredir todos os alunos, nomeadamente aqueles que experimentam um maior número de dificuldades. Elas retransmitem também ideias oriundas da corrente designada como "a escola eficaz" que enfatiza o papel de fatores pedagógicos e gerenciais na explicação de diferenças de resultados entre os estabelecimentos (Mons, 2007; Normand, 2006, p. 33-44; Maroy, 2009). Apesar de se referirem a todos os estabelecimentos, essas pressões são mais importantes nas escolas da periferia, simultaneamente porque o apoio aos alunos exige aí maior mobilização, em várias frentes, dos docentes e porque a amplitude das dificuldades dos alunos impede que os professores alcancem os resultados esperados em termos

---

2. Sigla de Programme for International Student Assessment [Programa Internacional para a Avaliação dos Alunos], lançado pela OCDE [Organização para o Desenvolvimento Econômico e Cooperação), em 1997, para avaliar a capacidade dos jovens de 15 anos no uso de seus conhecimentos para enfrentar os desafios da vida real. (N.T.).

de eficácia, o que fortalece, por sua vez, as injunções políticas visando seu aprimoramento de modo que eles se veem enredados em um interminável círculo vicioso. Por esse motivo, não é surpreendente encontrar nesses estabelecimentos uma porcentagem mais elevada de docentes que exprimem sentimentos de desgaste e de fracasso, além de sua tendência para se retraírem em uma atitude de "individualismo defensivo" diante das reformas e das expectativas dos usuários (Lantheaume e Hélou, 2008).

Essa atitude, já bastante presente na profissão por causa da natureza solitária do trabalho — e acentuada na França por programas de ensino de ordem estritamente disciplinar e de empregos do tempo que levam os professores do *secondaire* [anos finais do ensino fundamental e ensino médio] a uma passagem intermitente pelos estabelecimentos —, limita ainda mais a coordenação entre docentes que não sentem aversão pelo trabalho em equipe, mas o transformam em uma componente opcional de seu ofício (Barrère, 2002). Ela torna também mais difícil a coordenação entre os docentes e os outros agentes de intervenção nos estabelecimentos de ensino que estão encarregados de diversas tarefas relativas às aprendizagens, à disciplina, à integração social e à saúde dos alunos ou às suas carreiras escolares e à sua inserção profissional. O número desses funcionários não cessa de crescer sem que a instituição esteja em condições, na aparência, de avaliar corretamente essa importante mudança organizacional (Tardif e Levasseur, 2010). Deste modo, os processos que aprofundamos no livro e em um artigo que prolonga tais análises (Kherroubi e Van Zanten, 2002, p. 65-91) estão cada vez mais presentes em todos os estabelecimentos, salvo todavia determinadas variações vinculadas ao perfil de cada um deles. Eis o que ocorre em relação ao precário reconhecimento do profissionalismo dos funcionários não docentes, até mesmo daqueles cuja qualificação e cuja definição de tarefas parecem bem estabelecidas, como é ilustrado pelo caso dos conselheiros de orientação. Com efeito, a maneira como estes últimos desempenham sua função de aconselhamento e de ajuda na preparação dos projetos escolares e profissionais dos jovens foi amplamente questionada, em tempos recentes, pelos promotores da democratização do ensino superior — nomeadamente, da abertura social dos ramos seletivos —, que incentivaram a emergência de uma nova categoria de agentes de intervenção, ou seja, a dos "estudantes tutores", que assumiriam supostamente uma parcela das funções exercidas pelos conselheiros (Allouch e Van Zanten, 2008, p. 49-65).

Em *L'école de la périphérie*, nosso interesse focalizou também o enquadramento pelos diretores de estabelecimento. As pesquisas empreendidas a esse respeito depois da publicação do livro levam-nos igualmente a pensar que a dispersão entre seus diferentes domínios de ação (relações com o exterior e promoção do estabelecimento, gestão da manutenção da ordem, animação pedagógica) e seus efeitos sobre a precária regulação dos estabelecimentos, objeto de análise nesse texto, encontram-se, de fato, acentuados pelas injunções políticas e administrativas dos últimos dez anos. Com efeito, é cada vez menor a margem de manobra para os diretores que pretendam contentar-se em "fazer girar" os estabelecimentos, já que são vigorosamente incentivados pelos superiores em "fazê-los avançar" com o objetivo de modernizar sua gestão, fazer evoluir as práticas pedagógicas e o compromisso organizacional dos docentes, levar em consideração as demandas dos usuários e aprimorar a eficácia global. Além disso, eles se encontram cada vez mais divididos entre sua missão educacional e seu papel gerencial (Barrère, 2006; Dutercq, 2005, p. 125-34). Se esse acréscimo de trabalho e de tarefas refere-se a todos os diretores de estabelecimento, ele afeta sobretudo aqueles que exercem suas funções nos *collèges* e *lycées* da periferia em razão da multiplicidade de papéis que eles devem assumir para evitar a implosão ou a relegação de seus estabelecimentos, assim como as tensões suscitadas pela dificuldade de conciliar a adaptação às condições locais e o cumprimento das normas nacionais. Se a autonomia e o maior grau de legitimidade de que se beneficiam aqueles que se implicam a fundo em seus estabelecimentos podem permitir-lhes evitar a dispersão, permanecendo concentrados em suas missões fundamentais, deve-se temer que, na maior parte dos casos, tais pressões externas acabem por tornar ainda

SOCIOLOGIA DO ENSINO MÉDIO

mais aleatória uma regulação conjunta das atividades de ensino e de socialização com os docentes e os outros funcionários.

Integração inferiorizante e percurso entremeado de obstáculos

Em *L'école de la périphérie*, mostramos também que a escola desempenha um papel central na integração dos alunos, mas em uma integração "inferiorizante"[3] no escalão social mais baixo. Depois da publicação da primeira edição, várias pesquisas corroboraram nossas conclusões relativas ao papel executado pelos estabelecimentos da periferia — e, em particular, pelos *collèges* —, na integração dos jovens do subúrbio em grupos juvenis abertos e fluidos. Todavia, esses trabalhos mostram — aliás, como o nosso — que as amizades e as relações entre alunos sofrem uma intensa influência de seu nível escolar — tanto mais que eles integram classes de alunos "bons" ou "ruins" —, assim como pelos pertencimentos de gênero; de fato, os grupos são formados por classes mistas apenas nos últimos anos de *collège* (Roussier-Fusco, 2003, p. 29-37; Fouquet-Chauprade, 2011). Esses dois fatores — e não tanto a existência de preferências étnicas claramente marcantes — é que, desde a educação infantil e, de maneira mais pronunciada no *collège*, permitem explicar a formação e a consolidação de grupos de meninos oriundos de famílias imigradas em situação de fracasso no seio da escola. Outras pesquisas que incidem sobre os espaços urbanos e escolares similares àqueles estudados por nós confirmam outra de nossas conclusões, a saber: esses grupos de alunos que não conseguem responder às expectativas da escola estão submetidos à uma intensa força de atração do bairro. Neste caso, surgem

---

3. Esse termo é utilizado por Alejandro Portes e Min Zhou para qualificar a integração de alguns grupos imigrados na sociedade. Vamos empregá-lo aqui de maneira mais extensiva para designar a integração desvalorizante no sistema escolar e social dos adolescentes e dos jovens da periferia. Cf. Portes; Zhou, 1993, p. 74-96.

tensões entre as lógicas em ação no seio dessas instâncias de socialização — às quais convém acrescentar a família — que fortalecem a probabilidade para esses alunos de fracassarem e de se envolverem com bandos que levam a atividades desviantes (Beaud, 2002; Millet e Thin, 2005; Mohamed, 2011).

No livro, insistíamos também sobre o fato de que a constituição de uma sociabilidade juvenil própria dos estabelecimentos da periferia não impede as tensões e as brigas entre os alunos. Posteriormente, numerosos trabalhos enfatizaram o fato de que os adultos, assim como os jovens que os frequentam, denunciam frequentemente seu "clima ruim". Embora esta última expressão possa abranger realidades bastante diferentes, desde bate-bocas conflitantes entre alunos sem consequências graves até danos causados a bens ou ataques a pessoas, passíveis de sanções legais, ela parece designar sobretudo a recorrência de "microviolências" (Moignard, 2008). Alguns trabalhos confirmaram também, em relação a conjuntos mais diversificados de estabelecimentos, nossas conclusões relativas ao fato de que esse "clima ruim" resulta de conversas que acabam virando insultos e brigas não tanto em razão das características dos alunos implicados, mas de sua precária regulação. Esta é a consequência não só da ausência de coordenação entre profissionais da educação, evocada mais acima, e da alternância entre eles de estratégias repressivas que se limitam a produzir efeitos de curto prazo e de formas de evitamento que deixam os alunos entregues a si mesmos, mas também da precária integração dos grupos-classe em razão da pedagogia individualista dos docentes e de sua fraca implicação na socialização dos alunos (Carra, 2009; Mancuso, 2010).

No entanto, as conversas com os professores e a relação com a instituição é que desempenham um papel determinante na integração "inferiorizante" dos alunos da periferia à escola e à sociedade. Na perspectiva iniciada pelos trabalhos de Paul Willis (Willis, 1977), analisamos nesse estudo a maneira como as táticas adaptativas, desenvolvidas por eles na classe para reduzir as cadências de trabalho ou espaçar as avaliações, permitem-lhes que sua experiência escolar se

SOCIOLOGIA DO ENSINO MÉDIO

torne tolerável — às vezes, até mesmo, divertida —, mas se retornam *in fine* contra eles já que, ao agirem desse modo, contribuem pessoalmente para sua relegação. Outros estudos publicados, posteriormente, insistiram sobretudo sobre a humilhação sentida pelos alunos submetidos a numerosas advertências, vexames e punições (Merle, 2005), assim como — nomeadamente, entre os alunos oriundos de famílias imigradas — sobre a amplitude do sentimento de discriminação. De fato, é grande o número de alunos que denunciam o caráter subjetivo e injusto da avaliação de suas capacidades por seus professores, o que alimenta tendências mais acentuadas que em outros lugares para negociar as notas ou para se opor às decisões de repetência. O número de alunos de origem magrebina, africana e turca é também muito maior que o dos colegas franceses no questionamento da justiça dos processos de orientação, ao declararem ter sido afetados a ramos e especialidades de ensino profissionalizante contra sua vontade (Zirotti, 2006; Brinbaum; Moguérou; Primon, 2010, p. 47-54).

Ao adotar um ponto de vista longitudinal sobre os percursos dos jovens da periferia, outras pesquisas permitem completar nossas observações. Se elas sublinham a existência de uma diversidade de trajetórias que vão do fracasso maciço aos sucessos improváveis, elas mostram que os percursos mais correntes são aqueles entremeados de obstáculos. Uma porcentagem não desprezível de alunos conhece um percurso de fracasso que se caracteriza por repetências precoces na educação infantil, a colocação em "classes ruins" e, frequentemente, outras repetências no *collège*, formas mais ou menos visíveis de desatenção na sala de aula e orientações para ramos não desejados no ensino profissionalizante. Alguns desses percursos são particularmente caóticos, nomeadamente quando o fracasso se duplica de problemas de disciplina que engendram absenteísmo, exclusões, numerosas mudanças de estabelecimentos e a afetação a diversos dispositivos de socialização e de reabilitação (Millet e Thin, 2005). Outros alunos são confrontados, em compensação, a um fracasso diferido: com efeito, por terem conseguido permanecer, de alguma forma, afiliados à escola e por terem escapado às piores classes e aos estabelecimentos de relegação, além de se terem beneficiado da ênfase colocada, nos últimos anos, no alongamento dos percursos no ensino médio e superior, esses alunos têm acesso à universidade. No entanto, é quase sempre para se aperceberem de que, afinal, não haviam adquirido as disposições necessárias para o sucesso em um quadro estruturado de modo bastante precário. Decepcionados, eles são forçados a aceitar empregos pouco valorizados e mal remunerados, ou se juntar às fileiras do grande número de desempregados (Beaud, 2002). Em relação àqueles — raros — que ousam enfrentar percursos ambiciosos, apesar de suas escassas oportunidades de sucesso (Broccolichi, 2011), e que são bem-sucedidos, eles vivem, muitas vezes, experiências difíceis de ajuste no decorrer tanto de seus percursos em instituições de elite, quanto de sua ulterior inserção profissional e social (Pasquali, 2010, p. 86-105; Naudet, 2010).

Estas diferentes reflexões nos levam a concluir este posfácio, insistindo sobre três elementos. Em primeiro lugar, sobre a permanência ou, até mesmo, em alguns casos, sobre a intensificação de certo número de processos constitutivos da escola da periferia — muitas vezes, presentes em todo o sistema educacional —, mas cujo caráter mais acentuado nos estabelecimentos situados no mais baixo escalão social e escolar engendra aí efeitos mais graves e mais duradouros. Em segundo lugar, sobre a importância, para compreender o funcionamento da margem, de examinar igualmente o que está ocorrendo no centro do sistema escolar e social. É neste contexto que, no início da década de 2000, havíamos empreendido pesquisas sobre as classes médias e superiores, assim como sobre as dinâmicas implementadas em municípios da periferia heterogêneos ou favorecidos; além disso, desde 2006, temos estudado os desafios e as transformações da formação das elites (Van Zanten, 2009c; Van Zanten, no prelo b). Finalmente, sobre o fato de que, apesar de sua amplitude e de seu enraizamento, os processos segregativos — para os quais nossa pesquisa pretende chamar a atenção — não são inelutáveis. Eles podem ser combatidos, na escala local e nacional, levando em consideração, todavia, o fato de que não se deve questionar unicamente a escola e de que as políticas educacionais, para serem plenamente eficazes, devem inscrever-se em uma ação pública ambiciosa e coordenada nos domínios da fiscalidade e do emprego, do urbanismo e do alojamento ou, ainda, da ação social e cultural.

Referências bibliográficas

ALLOUCH, A.; VAN ZANTEN, A. Formateurs ou "grands frères"? Les tuteurs des programmes d'ouverture sociale des Grandes Ecoles et des classes préparatoires. *Education et Sociétés*, n. 21, p. 49-65, 2008.

BARRÈRE, A. *Les enseignants au travai*: routines incertaines. Paris: L'Harmattan, 2002.

_____. *Sociologie des chefs d'établissement*: les managers de la République. Paris: PUF, 2006. (Col. Education et société.)

BARTHON, C.; MONFROY, B. Une analyse systémique de la ségrégation entre collèges: l'exemple de la ville de Lille. *Revue Française de Pédagogie*, n. 156, p. 29-38, 2006.

BEAUD, S. *80% d'une classe d'âge au bac... et après?* Les enfants de la démocratisation scolaire. Paris: La Découverte, 2002.

BÉNABOU, R.; KRAMARZ, F.; PROST, C. Zones d'éducation prioritaire: quels moyens pour quels résultats? Une évaluation sur la période 1982-1992. *Économie et Statistique*, n. 380, 2004.

BEN AYED, C. À qui profite le choix de l'école? Changements d'établissement et destins scolaires des élèves de milieux populaires. *Revue Française de Pédagogie*, n. 175, 2011.

BROCCOLICHI, S. Comment s'articulent les inégalités d'acquisition scolaire et d'orientation? Relations ignorées et rectifications tardives. *Revue Française de Pédagogie*, n. 175, 2011.

BROCCOLICHI, S.; BEN AYED, C.; TRANCART, D. (Orgs.). *École*: les pièges de la concurrence. Comprendre le déclin de l'école française. Paris: La Découverte, 2010.

CAILLE, J.-P. Les collégiens de ZEP à la fin des années quatre-vingt-dix: caractéristiques des élèves et impact de la scolarisation en ZEP sur la réussite. *Éducation et Formations*, n. 61, 2001.

CARRA, C. *Violences à l'école élémentaire*: l'expérience des élèves et des enseignants. Paris: PUF, 2009. (Col. Education et sociétés.)

DÉBARBIEUX, E. *Violences à l'école*: un défi mondial? Paris: Armand Colin, 2006.

DRAELANTS, H.; DUMAY, X. *L'identité des établissements scolaires*. Paris: PUF, 2011. (Col. Education et sociétés.)

DUBET, F. *Le déclin de l'institution*. Paris: Le Seuil, 2002.

DUTERCQ, Y. Les chefs d'établissement entre rationalisation moderniste, contraintes culturelles et désir de justice. *Politiques et Management Public*, v. 23, n. 1, p. 125-34, 2005.

FELOUZIS, G.; PERROTON, J. Les "marchés scolaires". Une analyse en termes d'économie de la qualité. *Revue Française de Sociologie*, v. 48, n. 4, p. 693-722, 2007.

_____. Grandir entre pairs à l'école. Ségrégation ethnique et reproduction sociale dans le système éducatif français. *Actes de la Recherche en Sciences Sociales*, n. 180, p. 92-101, 2009.

FELOUZIS, G.; LIOT, F.; PERROTON, J. *L'apartheid scolaire*: enquête sur la ségrégation ethnique dans les collèges. Paris: Le Seuil, 2007.

FOUQUET-CHAUPRADE, B. *Voir le monde en couleurs*: sociologie de l'ethnicité et de la construction de soi dans les collèges ségrégués. Tese (Doutorado) — Université Bordeaux II, Bordeaux, 2011.

GLASMAN, D.; RAYOU, P. *Rapport intermédiaire sur les internats d'excellence*. Lyon: IFE, 2012.

KHERROUBI, M.; VAN ZANTEN, A. La coordination du travail dans les établissements d'enseignement: collégialité, division des rôles et encadrement éducatif. *Education et Sociétés*, n. 6, p. 65-91, 2002.

LANTHEAUME, F.; HÉLOU, C. *La souffrance des enseignants*. Une sociologie pragmatique du travail enseignant. Paris: PUF, 2008. (Col. Education et société.)

MANCUSO, C. *Pratiques de bullying et adhésions normatives dans quelques classes d'école et de collège en Italie.* Tese (Doutorado) — Université Paris IV e Université de Trento, 2010.

MAROY, C. *Ecole, régulation et marché*: une comparaison de six espaces scolaires locaux en Europe. Paris: PUF, 2006. (Col. Education et sociétés.)

_____. Régulation post-bureaucratique des systèmes d'enseignement et travail enseignant. In: LOPEZ, M.; CRAHAY, M. (Orgs.). *Evaluations en tension*: entre la régulation des apprentissages et le pilotage des systèmes. Bruxelas: De Boeck, 2009.

MAROY, C.; VAN ZANTEN, A. Régulation et compétition entre établissements scolaires dans six espaces locaux en Europe. *Sociologie du Travail*, n. 4, p. 464-78, 2007.

MAURIN, E. *Le ghetto français*: enquête sur le séparatisme social. Paris: Le Seuil, 2004. (Col. La République des idées.)

MERLE, P. *L'élève humilié*: l'école, un espace de non-droit? Paris: PUF, 2005.

MILLET, M.; THIN, D. *Ruptures scolaires*: l'école à l'épreuve de la question sociale. Paris: PUF, 2005. (Col. Le lien social.)

MOHAMED, M. *La formation des bandes*: entre la famille, l'école et la rue. Paris: PUF, 2011. (Col. Le lien social.)

MOIGNARD, B. *L'école et la rue: fabriques de délinquance.* Paris: PUF/Le Monde, 2008. (Col. Partage du savoir.)

MONS, N. *Les nouvelles politiques éducatives*: la France a-t-elle fait les bons choix? Paris: PUF, 2007. (Col. Education et sociétés.)

NAUDET, J. *Analyse comparée de l'expérience de la mobilité sociale ascendante intergénérationnelle aux États-Unis, en France et en Inde.* Tese (Doutorado) — Sciences Po, 2010.

NORMAND, R. L'école efficace ou l'horizon du monde comme laboratoire. *Revue Française de Pédagogie*, n. 154, p. 33-44, 2006.

OBERTI, M. *L'école dans la ville*: ségrégation, mixité, carte scolaire. Paris: Presses de Sciences Po, 2007.

PASQUALI, P. Les déplacés de l'ouverture sociale. Sociologie d'une expérimentation scolaire. *Actes de la Recherche en Sciences Sociales*, n. 183, p. 86-105, 2010.

PASQUIER, D. *La tyrannie de la majorité*. Paris: Éd. Autrement, 2005.

PÉRIER, P. De l'effacement institutionnel à l'engagement des acteurs. Les professeurs du secondaire entre autonomie et épreuves subjectives. *Education et Sociétés*, v. 23, p. 27-40, 2009.

PORTES, A.; ZHOU, M. The New Second Generation: Segmented Assimilation and Its Variants. *Annals of the American Academy of Political and Social Science*, n. 530, p. 74-96, 1993.

PRETECEILLE, E. La ségrégation ethno-raciale a-t-elle augmenté dans la métropole parisienne? *Revue Française de Sociologie*, v. 50, n. 3, p. 489-519.

RAYOU, P.; VAN ZANTEN, A. *Les nouveaux enseignants*: changeront-ils l'école? Paris: Bayard, 2004.

ROCHEX, J.-Y. Les trois "âges" des politiques d'éducation prioritaire: une convergence européenne? In: BEN AYED, C. (Org.). *L'école démocratique*: vers un renoncement politique? Paris: Armand Colin, 2010.

ROUSSIER-FUSCO, E. Le modèle français d'intégration et les dynamiques interethniques dans deux écoles de la banlieue parisienne. *Revue Française de Pédagogie*, v. 144, n. 1, p. 29-37, 2003.

SIMON, P. (Org.). *Trajectoires et origines*: enquete sur la diversité des populations en France. Premiers résultats. Paris: Ined, 2010. p. 47-54.

TARDIF, M.; LEVASSEUR, L. *La division du travail éducatif*: une perspective nord-américaine. Paris: PUF, 2010. (Col. Education et sociétés.)

VAN ZANTEN, A. Une discrimination banalisée? L'évitement de la mixité sociale et raciale dans les établissements scolaires. In: FASSIN, D.; FASSIN, E. (Orgs.). *De la question sociale à la question raciale?* Représenter la société française. Paris: La Découverte, 2006a.

_____. Compétition et fonctionnement des établissements scolaires: les enseignements d'une enquête européenne. *Revue Française de Pédagogie*, n. 156, p. 9-17, 2006b.

_____. New positive discrimination policies in basic and higher education: From the quest of social justice to optimal mobilisation of human resources? In: SIMONS, M.; OLSEEN, M.; PETERS, M. (Eds.). *Re-reading education policies*: a handbook studying the policy Agenda of the 21st Century. Leuven: Sense Publishers, 2009a. p. 478-94.

VAN ZANTEN, A. Le choix des autres. Jugements, stratégies et ségrégations scolaires. *Actes de la Recherche en Sciences Sociales,* n. 180, p. 25-34, 2009b.

_____. *Choisir son école.* Stratégies familiales et médiations locales. Paris: PUF, 2009c. (Col. Le lien social.)

_____. L'ouverture sociale des grandes écoles : diversification des élites ou renouveau des politiques publiques d'éducation? *Sociétés Contemporaines,* n. 78, p. 69-96, 2010.

_____. A good match: Appraising worth and estimating quality in school choice. In: BECKERT, J.; MUSSELIN, C. (Eds.). *Constructing quality*: the classification of goods in the economy. Oxford: Oxford University Press, 2013a.

_____ (Org.) *La formation des élites.* Sélection et socialisation. Paris: PUF, [no prelo b]. (Col. Education et sociétés.)

_____ et al. *Quand l'école se mobilise.* Paris: La Dispute, 2002.

_____; OBIN, J.-P. *La carte scolaire.* 2. ed. Paris: PUF, 2010. (Col. "Que sais-je?)

WILLIS, P. *Learning to labour:* how working-class kids get working-class jobs. Farnborough: Saxon House, 1977. [Tradução francesa: *L'école des ouvriers.* Comment les enfants d'ouvriers obtiennent des boulots d'ouvriers. Prefácio de S. Laurens & J. Mischi. Paris: Éd. Agone, 2011.]

ZIROTTI, J. P. Les jugements des élèves issus de l'immigration sur les décisions d'orientation scolaire et les conditions de leur scolarisation. *Cahiers de l'Urmis*, n. 10-11, 2006.

A ESCOLA MODERNA

Restrições e potencialidades frente às exigências da contemporaneidade*

Guillermina Tiramonti

Introdução

Nestes últimos anos, acumulou-se uma série de produções no campo das ciências sociais que traçam os limites da rede de instituições geradas pela modernidade para regular a ordem social e processar adequadamente as tensões que sua dinâmica produz.

Há muitos anos que autores como Touraine (1991) marcavam o surgimento dos movimentos sociais como um fenômeno capaz de dar conta da insuficiência dos partidos tradicionais para canalizar demandas particulares. Mais de 30 anos depois, muitos autores descrevem o cenário político como um campo caracterizado pela heterogeneidade, onde coexistem partidos políticos, sindicatos, agremiações, movimen-

---

* Tradução do original *Restricciones y potencialidades de la escuela moderna para dar respuestas a las exigencias de la contemporaneidad*, por Jaime Clasen.

tos de todo tipo, organizações da sociedade civil e grupos de pressão, todos eles destinados a processar demandas específicas que exigem diferenciar e particularizar o seu agenciamento.

Há discussões em torno dos alcances da soberania dos Estados nacionais num contexto de globalização (Held, 1992). Afirma-se que a hegemonia do capital financeiro gera uma primazia dos mercados não mediada pelos Estados nacionais, e que a existência de organismos supranacionais impõe regras às quais os Estados devem submeter-se. A situação que atravessam hoje os países da União Europeia é um exemplo mais que ilustrativo do que estamos dizendo.

O desenvolvimento dos meios de comunicação de massa e, fundamentalmente, o desenvolvimento da internet modificaram a ideia e a prática da atuação pública e, com ela, a da política. Castell (1999) afirma que a nova comunicação está gerando uma esfera pública global e autônoma, na qual se reconfigura a informação política e se exerce certa soberania, na medida em que esta não obedece às regulamentações estatais. Deste modo se produz uma integração vertical nos meios de comunicação, que proveem informação política, e os lugares mais distantes do planeta.

No campo da produção das ciências sociais, numerosos autores marcaram as limitações das categorias cunhadas para dar conta das características da sociedade industrial, para ordenar e conceptualizar o que se convencionou chamar de sociedades pós-industriais. Beck (2000) exemplifica esta situação com a ideia dos cavaleiros sem cavalo para explicar esta lacuna entre aquilo que se quer conceituar e as categorias que as ciências sociais proveem para fazê-lo. Um exemplo muito claro é o conceito de família, cuja organização e tipo de vínculos que articulam aqueles que se aglutinam nesta organização são tão heterogêneos que é difícil incluí-los na tradicional categoria de "grupo familiar".

Neste contexto, surgiram algumas vozes que questionaram a capacidade da escola moderna como mediadora da cultura contemporânea. Para estes autores, a escola teria deixado de ser um dispositivo útil e necessário para a transmissão cultural entre gerações, que se

SOCIOLOGIA DO ENSINO MÉDIO

poderia processar independentemente da educação escolarizada. Estas vozes provêm em geral dos analistas culturais.

Por exemplo, Barbero (2001, p. 12) afirma num texto, já clássico, que "a educação já não é pensável desde um modelo escolar que se acha superado tanto espacial como temporalmente por concepções e processos de formação correspondentes às demandas da sociedade rede". Segundo Barbero, a tendência para o futuro é o desaparecimento das instituições escolares.

Berardi (2007) chama de gerações pós-alfabéticas aquelas que cresceram no meio ambiente que configuram as inovações ligadas à eletrônica e à tecnologia digital. Para este autor, as mudanças nesta dimensão são de tal envergadura que é este elemento que define o corte geracional. Nesta perspectiva, a transmissão cultural das gerações alfabéticas para as pós-alfa se vê obstaculizada pela intraduzibilidade dos sistemas de referência interpretativos que dominam cada um destes grupos. O primeiro utiliza sistemas de caráter sequencial e lógico-determinista próprio da transmissão baseada no livro, o outro está baseado na simultaneidade, na fragmentação, na fugacidade e na velocidade que se correspondem com a contemporaneidade tecnológica (Najmanovich, 2009; Tobeña, 2011).

Toda esta literatura está propondo um olhar crítico sobre a instituição escolar e suas possibilidades de se tornar uma interlocutora válida da cultura contemporânea. Enquanto isso, em nível das políticas nacionais, assistimos a uma exigência de ampliação do tempo de escolarização da população, sem que medeiem modificações importantes no dispositivo escolar original.

Na última década, muitos países da região (Argentina, Uruguai, Peru, Chile, Bolívia, Nicarágua, Guatemala e El Salvador) promulgaram novas legislações sobre educação. Três destes países (Argentina, Chile e Uruguai) estabeleceram a obrigatoriedade do nível médio. No caso do Brasil, os estados têm que gerar, até 2006, as condições para a universalização do ensino médio. Sem dúvida, estas legislações exprimem um consenso generalizado com respeito ao valor da educação e o direito que toda a população tem de ter acesso a seus benefícios, apesar de as estatísticas educativas darem conta das dificuldades que estes países têm para avançar na escolarização com o dispositivo escolar tradicional.

1. O imperativo da inclusão e a insuficiência do dispositivo institucional moderno

A sociedade moderna depositou na escolarização básica de sua população boa parte da possibilidade de concretizar a ordem social e econômica proposta por ela. Embora não tenhamos o propósito de retomar aqui a história da criação da escola, é importante recordar que as instituições se constituem em determinados momentos históricos como resultado da confluência de numerosos fatores sociais, políticos, econômicos, culturais etc. É essa confluência que explica não só a oportunidade de seu surgimento, mas também as características de sua configuração, sua identidade original, os modos em que se articula com a ordem social e a especificidade que sustenta a sua identidade. Dizíamos então que a escola básica esteve associada: (1) ao surgimento de uma ordem política que se propunha a governar "homens livres" sobre os quais era necessário agir para moldar consciências e estabelecer limites à liberdade; (2) à construção do Estado moderno, que requeria unificar e integrar populações e dotá-las do sentido de pertencimento e obediência ao poder e à lei; (3) ao desenvolvimento do capitalismo, que exigiu o disciplinamento da mão de obra que se pretendia incorporar ao modo de produção industrial.

É importante lembrar aqui que todas estas funções (de integração social, de disciplinamento para o trabalho, de legitimação política) basearam-se numa definição cultural (o Iluminismo, a Ilustração) em referência à qual se organizou a instituição escolar. A grade curricular da escola média, baseada no parcelamento do conhecimento, dividido numa multiplicidade de disciplinas que resgatam para si o domínio do conhecimento sobre determinado objeto de estudo, é um exemplo claro desta referência cultural.

Alguns países da América Latina avançaram cedo (final do século XIX e começo do século XX) na instalação de uma rede de instituições e modos de vida próprios das sociedades industrializadas, ainda que o desenvolvimento de sua indústria fosse posterior ou nunca se concretizasse como modo de produção predominante. É o caso da Argentina, que desenvolveu cedo partidos políticos modernos, um assentamento urbano de sua população e sua incorporação à educação básica mediante a criação de um sistema público de educação desde o final do século XIX.

Outros países da região desenvolveram mais tardiamente instituições propriamente modernas e ataram a escolarização de sua população às necessidades do desenvolvimento industrial, como é o caso do Brasil. Apesar destas diferenças nos processos de modernização, o modelo "moderno" trouxe a novidade do dispositivo educativo como instrumento capaz de amalgamar aquilo que estava disperso e de gerar continuidades ali onde só havia rupturas. A educação escolarizada foi e é uma das promessas mais potentes da modernidade. A ela se associou a possibilidade de conformar uma cidadania de acordo com a ordem democrática, capaz de ajustar o comportamento dos indivíduos ao imperativo da lei e de incorporá-los ao aparelho produtivo e ao intercâmbio social. Estas promessas estiveram presentes ao longo de todo o século passado e persistem até hoje no imaginário das sociedades e de seus líderes políticos, que seguem depositando na escolarização da população expectativas de integrar e articular aquilo que já não pode ser abarcado e sustentado pelo mercado.

Ao longo da segunda metade do século passado e em tudo o que já passou deste século, a escola média encontrou um modo de processar a pressão pela inclusão sem sacrificar sua função diferenciadora e seletiva. Segregou as populações que devia incorporar e as foi incluindo em diferentes circuitos escolares, cada um dos quais dotado de um padrão específico de admissão, que permite manter na escola e promover determinado grupo sociocultural e expulsar os demais. Este efeito filtrador do sistema (Grupo Viernes, 2008) possibilitou manter simultaneamente a função de incorporação e a de seleção.

No entanto, as atuais exigências de inclusão se defrontam com novas dificuldades na hora de concretizar o seu propósito. As taxas de evasão e repetência das quais dão conta as estatísticas nacionais e as baixas porcentagens da população que termina o nível médio falam claramente que incorporar as novas populações tem uma complexidade que compromete o próprio dispositivo escolar. A organização escolar tradicional é discutida a partir de duas perspectivas:

a) A sua capacidade de incorporar positivamente uma população que em geral é a primeira geração escolarizada, vinda de famílias que em muitos casos estiveram à margem do mercado formal de emprego e, portanto, carecem de hábitos relacionados com a disciplina que a escola exige, além de historicamente não terem construído sua estratégia de vida com base na educação.

b) As suas dificuldades para dialogar com a cultura contemporânea e organizar seu cenário de sala de aula e institucional à luz das novas tecnologias de produção e transmissão do conhecimento.

Neste contexto, os Estados e as instituições começaram a introduzir modificações no dispositivo institucional tanto para melhorar as possibilidades de retenção escolar, como para tornar a escola mais atrativa para os jovens e aproximar-se (não sem dificuldades) da cultura contemporânea.

Na sequência dessas considerações, vamos analisar resultados de investigações empíricas que tiveram como objetivo o estudo de experiências que, num caso, têm o propósito de incorporar novas populações ao benefício da escola média e, em outro, dotar a instituição escolar de práticas e conteúdos em sintonia com a nova configuração cultural e as subjetividades por elas produzidas. Em ambos os casos, trata-se de pesquisas realizadas no âmbito da Área de Educação da Faculdade Latino-Americana de Ciências Sociais pelo denominado Grupo Viernes.

2. As experiências destinadas à inclusão.
O caso das escolas de reingresso

Dada a situação antes descrita, os países da América Latina desenvolveram uma série de experiências para melhorar as possibilidades de escolarização dos setores mais vulneráveis da sociedade. Nestas propostas são introduzidas mudanças tanto na organização das instituições escolares como em seu regime acadêmico, com a finalidade de adequá-las às características e às necessidades da nova população a que atendem.

Em 2009, foi publicada uma série de estudos realizados no contexto do projeto EUROsociAL de cooperação entre Europa e América Latina,** que analisam inovações educativas desenvolvidas em cidades da América Latina, destinadas a dar resposta aos problemas de inclusão educativa das populações urbanas tornadas vulneráveis (Terigi, 2009).

As experiências deste tipo são muito variadas. Há um conjunto delas que estão destinadas a atacar o problema de o alunado estar acima da idade. Trata-se de programas de aceleração educativa que permitem completar a série ou o ano escolar em menos tempo que o estipulado. Dentro deste grupo há propostas presenciais e outras semipresenciais (as aulas se concentram nos sábados ou domingos). Estes programas foram aplicados em países como Brasil, El Salvador, Colômbia e Argentina. Em todos os casos, visam atender aos setores mais vulneráveis da população.

Há outras experiências destinadas a criar laços mais estreitos entre escola e comunidade ou escola e família. Nesta linha, podem inscrever as experiências de professores e turmas comunitárias do Uruguai. No México, foram criados os centros de transformação educativa que funcionam como comunidades de aprendizagem e educação. Há também, nesse país, um programa que instituiu a figura do

---

** Ver http://ec.europa.eu/europeaid/where/latin-america/regional-cooperation/ eurosocial/index_pt.htm (N. T.)

facilitador comunitário, que atua como animador das comunidades de aprendizagem.

Em Medellín, Colômbia, há um programa que se chama *Escuela busca niño* destinado a identificar e caracterizar as crianças desescolarizadas para encaminhá-las a um espaço onde recebam o apoio psicossocial necessário para ingressar em instituições próximas de suas respectivas residências.

Na Argentina, há duas experiências a resgatar. A criação em 2001 dos Centros de Atividades Juvenis (CAJ), que têm como objetivo principal abrir espaços de produção cultural conjunta com adolescentes e jovens (quer frequentem ou não escolas) para aproximá-los de manifestações culturais não disponíveis para eles. Os CAJ funcionam nos edifícios escolares aos sábados e propõem um espaço de encontro a partir de atividades culturais (Llinas, 2012).

A outra experiência argentina que vale a pena citar é a criação de dez Escolas de Reingresso na Cidade de Buenos Aires em 2004, que introduzem variações no formato escolar tradicional e estão destinadas a reincorporar (como indica a sua denominação) à escola secundária os jovens que tinham deixado de assistir às aulas. A investigação realizada nas instituições de reingresso proporciona muitos elementos para repensar os formatos escolares tradicionais, e quais são os núcleos destas organizações que dificultam a sustentação da escolarização de setores sociais tradicionalmente excluídos da educação média.

3. A experiência das escolas de reingresso

Trata-se de instituições de nível médio criadas em 2006 na cidade de Buenos Aires, com a finalidade de atender a jovens provenientes de setores sociais vulneráveis, que tinham sido expulsos das escolas secundárias tradicionais. A experiência introduziu mudanças em dois aspectos da organização escolar:

1) modificou as trajetórias dos alunos rompendo o rígido sistema segundo o qual eles devem cursar simultaneamente, a cada

ano, o conjunto das disciplinas determinadas pelo currículo. As trajetórias personalizadas permitem que cursem apenas aquelas matérias que estão devendo, seja qual for o ano no qual estas disciplinas estão inseridas;

2) introduziu a figura dos tutores escolares e de ações de apoio aos alunos que têm dificuldades e, sobretudo, fez um apelo ao compromisso dos docentes para com seu trabalho e para procurar o êxito da escolarização de seus alunos.

As escolas de reingresso deixam transparecer uma série de problemas que afetam o conjunto do sistema e, acima de tudo, proporcionam elementos para refletir sobre eles em outra perspectiva. A seguir exporemos as temáticas mais relevantes.

a) Os sistemas de promoção

Através da comparação de dados de pesquisas realizadas em escolas que atendem a um amplo espectro de setores sociais, abarcando as instituições que atendem a grupos de elite, as escolas comuns, que se ocupam com os setores médios e baixos, e aquelas criadas especialmente para incorporar os setores mais vulneráveis, foi identificada a existência de diferentes sistemas de promoção[1] de alunos constituindo, em si mesmos, os mecanismos de seleção. No caso das instituições que atendem aos estudantes provenientes dos extremos da escala social, elas desenvolvem estratégias de acompanhamento destinadas a fazer um seguimento dos avanços e problemas acadêmicos dos alunos com o propósito de lhes dar os apoios de que precisam para progredir em sua trajetória. Este sistema de promoção, que Ziegler e Nobile (2012) denominam "estratégia de personalização" das trajetórias, contrasta com o sistema desregulado de promoção que caracteriza as escolas

---

1. Com "promoção de alunos" fazemos referência aos mecanismos institucionais que concretizam a função seletiva que todas as instituições educativas realizam.

tradicionais. Neste último caso, cada aluno está entregue a seus próprios recursos para responder às exigências que sua escolarização lhe apresenta. Não medeiam acompanhamentos nem seguimentos institucionais. Trata-se de um sistema que deposita na capacidade individual de cada aluno, e nos recursos[2] de que ele dispõe, a possibilidade de avançar com êxito no trajeto escolar. Neste sistema, os alunos provenientes dos setores populares cujos capitais culturais são muito alheios às necessidades da escola são selecionados negativamente, e são eles que engrossam as estatísticas de repetência e abandono. No caso das escolas de reingresso, o seguimento e apoio aos alunos está relacionado com repor uma série de saberes e conhecimentos dos quais os alunos carecem, dado que provêm de famílias e setores sociais com baixa escolarização.Contudo, nas escolas de elite, as tutorias e as aulas de apoio estão relacionadas com proporcionar o êxito dos alunos nos exames e nas provas internacionais.

b) Questões relacionadas com a docência

As entrevistas com os professores permitiram avançar no conhecimento da problemática docente fundamentalmente em relação às motivações de seu mal-estar. A investigação voltou a corroborar o caráter fragmentado do corpo docente, e que este processo se constrói no diálogo entre as exigências da escola e as condições e interesses dos docentes. Nas entrevistas com os diretores das escolas e seus professores, se faz permanentemente alusão ao fato de que os docentes escolhem essas escolas e que há um grupo deles que distribui toda a sua carga horária em instituições do mesmo tipo. Isto os transforma em professores de escolas que atendem a setores populares e/ou marginais.

Do mesmo modo, a pesquisa comprovou que as escolas demitem aqueles docentes cujo perfil não corresponde com o que habitualmen-

---

2. Os recursos aos quais aludimos são fundamentalmente de caráter simbólico. Trata-se de uma série de saberes e conhecimentos que aproximam ou afastam o aluno das exigências das instituições às quais assistem.

SOCIOLOGIA DO ENSINO MÉDIO

te se desempenha nessas instituições (Arroyo e Poliak, 2012). Neste caso, é importante destacar quais são as peculiaridades deste perfil. Trata-se de "docentes militantes" e de uma militância de características ambíguas na qual se reconhecem muitos elementos da militância social, mas também da recuperação de certa mística pedagógica. Na conjunção de uma prática de atenção social para aqueles que foram expulsos de outras escolas e do esforço de educar jovens para os quais o saber que lhes é proporcionado é supostamente necessário, estes docentes recuperam e renovam o "sentido" de sua tarefa de ensinar. Nesta relação, eles repõem um vínculo assimétrico com seus alunos, que embora seja próprio da relação pedagógica moderna, nem sempre conserva esta condição no resto das escolas do sistema.

Durante as entrevistas, os docentes manifestaram que se sentiam gratificados com o trabalho que realizavam nestas instituições. Este sentimento é o resultado, segundo o dizer deles, de se sentirem reconhecidos por seus alunos e da valoração que eles mesmos têm de sua tarefa em favor de uma população que encontra na escola, e no esforço que seus docentes fazem, uma oportunidade para melhorar suas vidas futuras. De acordo com suas próprias expressões, a sua contribuição é de "salvar ou civilizar" os jovens.

A tarefa é pensada pela recuperação de uma mística civilizadora e salvadora de jovens que estão em situação de risco e precisam de uma ação explícita para serem incluídos numa vida social sadia, para que a escola, e especialmente os docentes, proporcionam-lhes os ensinamentos necessários para se "salvarem". Trata-se de salvá-los de um destino incerto, associado à droga e à vida de delitos sendo-lhes oferecido os instrumentos cognitivos básicos para melhorar suas futuras possibilidades laborais.

Nestas escolas há uma avaliação interessante do trabalho pedagógico. O lema não é apenas abrigar, mas também ensinar. No discurso de criação das instituições, se insiste muito na importância de sustentar um trabalho pedagógico de acordo com as exigências da população que se atende, e esta demanda impregnou a prática dos docentes.

Na definição dos conteúdos curriculares há recortes e ênfases, mas não inovações. De fato, os funcionários comprometidos com a sua criação afirmam que houve uma decisão explícita de não inovar para evitar resistências docentes. Neste sentido, o que é ensinado na escola pareceria não estar em discussão, nem nas prescrições oficiais, nem pelos docentes, nem, tampouco, pelos alunos, que provêm de um setor com escassa incorporação nos mundos culturais moldados pelas novas tecnologias. São jovens alheios (excluídos do diálogo com suportes e linguagens do mundo eletrônico), que aceitam os saberes escolares como os únicos possíveis para incorporá-los à vida social e laboral. Nestas instituições e no discurso de seus atores está ausente a reflexão sobre a importância dos saberes transmitidos à luz das transformações culturais e tecnológicas. As preocupações em relação a este tema estão orientadas para medir as possibilidades da população de incorporar o que lhes é ensinado, dada a sua condição cultural de origem ou suas dificuldades para estudar e fazer a tarefa fora do horário escolar.

De acordo com as entrevistas feitas, estes espaços estão fora da disputa cultural que se trava na sociedade a partir da transformação dos últimos 40 anos. Pareceria que a pobreza de recursos dos alunos valoriza tudo o que lhes é dado, e que o que lhes é dado redunda em benefício constatável: aprendem a se comportar, a se exprimir melhor, a dialogar com os demais etc. De modo que o que irrompe nestas instituições não é a cultura pós-alfa, mas os modos de vida que provêm do mundo marginal, e não se registra outra ameaça cultural. Não se menciona o problema da cultura juvenil e das distâncias que estas conformações têm na relação com a cultura escolar. O que se faz presente é a situação de vida de uma população que habita um espaço social atravessado pela violência e pela marginalidade. A cultura juvenil não se manifesta, nestes espaços, através de consumos culturais alternativos ou subjetividades moldadas pela comunicação eletrônica que põem em questão a relevância da oferta escolar e a eficácia da transmissão, mas se exprime pela condição marginal dos alunos.

Estes indícios, que resultam da leitura atenta das entrevistas de campo, proporcionam novos elementos para a discussão em torno da origem do mal-estar docente que, além dos motivos salariais e das inadequadas condições de trabalho, relaciona-se também com a dificuldade em dialogar fluidamente com a atual configuração cultural. Num trabalho recente, Andrea Brito (2009) afirma:

> diante de um panorama de transformação cultural que desloca os processos de construção e circulação do saber, o trabalho dos docentes parece se concentrar no restabelecimento da ordem perdida como condição básica para garantir a transmissão do conhecimento entendido desde os cânones clássicos quanto à sua legitimidade e classificação.

Nas escolas de reingresso, os docentes pareceriam ter restabelecido as assimetrias culturais de uma ordem onde o saber docente não está em discussão.

c) O valor do respeito e o reconhecimento mútuo

Associada a esta recuperação de uma relação assimétrica com os alunos e à ênfase posta em favor das aprendizagens, constata-se nas entrevistas, tanto de docentes como de alunos, a existência de uma relação baseada no respeito mútuo. Para os docentes, trata-se de alunos que estão em situação de "necessidade", e é o reconhecimento desta situação que justifica o seu esforço para que se socializem e aprendam. Neste empenho se reconhece o propósito — por parte dos docentes — de assumir uma responsabilidade na reparação de uma realidade social que se considera injusta. Isto é feito sem que medeiem atos de humilhação ou desprezo pela condição dos alunos.

O respeito por seus professores está presente no discurso de todos os alunos. Com exceção dos protestos pelo absenteísmo de alguns docentes, eles se mostram reconhecidos pela atenção que têm de seus professores e pelo empenho que estes põem em explicar-lhes, todas as vezes que necessitam, aquilo que deve ser aprendido.

Nestas escolas, o vínculo entre docente e aluno tem dimensões diferentes: o reconhecimento da existência de uma assimetria social e cultural a favor dos docentes, com base na qual estes avaliam como necessário aquilo que oferecem aos alunos — pautas de socialização, conhecimentos, afeto —; a centralidade do pedagógico na relação e o esforço do docente para que as aprendizagens se produzam; e a avaliação por parte dos alunos daquilo que recebem da escola e de seus docentes com base numa expectativa de melhorar a sua condição futura. Esta relação virtuosa se constrói dispensando qualquer discussão com respeito ao valor dos saberes com base nos quais se estrutura a tarefa pedagógica.

A escola média, além de ser chamada a incluir públicos que antes lhes eram socialmente alheios, abriga uma geração que, como já lembramos, nasceu e cresceu num meio cultural configurado pelas novas tecnologias da comunicação, igualmente estranho a essa escola. Apesar das resistências, as instituições escolares começaram a se abrir, ainda que marginalmente, a esta nova realidade cultural e a desenhar alternativas para acolhê-la.

4. A exigência da mudança cultural e a experiência das atividades extraescolares

Nos últimos anos, as escolas de nível médio incorporaram novos espaços educativos denominados oficinas ou atividades alternativas que se desenvolvem, em geral, no contraturno do currículo tradicional vigente. Estas experiências modificam substancialmente os modos de organização do trabalho da sala de aula convencional, os vínculos que se constroem entre seus participantes e introduzem uma série de saberes e atividades antes ausentes do espaço escolar.

Apresentamos a seguir os resultados de uma investigação realizada em 2011 em quatro escolas da cidade de Buenos Aires, que atendem a alunos de extrato social muito variado (Grupo Viernes, 2012). O trabalho de campo consistiu em observações das atividades

SOCIOLOGIA DO ENSINO MÉDIO

e entrevistas em profundidade a dirigentes, coordenadores, docentes e alunos.

Em todas as oficinas registradas há uma predominância de temáticas e atividades relacionadas com o artístico-expressivo (pintura, muralismo, música, marionetes, vídeos, rádio). Estão incluídos também, embora em menor escala, oficinas de escrita, de experimentação científica, de preparação para as olimpíadas de matemática ou de ação comunitária. Para estas atividades são formados grupos heterogêneos quanto à idade dos alunos e ao tipo de docente que os coordena. Em todos os casos, a frequência dos alunos é optativa.

Há diferenças importantes na maneira como as instituições articulam a oferta das oficinas, conforme a situação específica e o tipo de alunos que atendem. No caso da escola privada cujos jovens provêm de famílias com alto nível aquisitivo, a oferta de oficinas e de atividades alternativas é muito ampla e variada e, embora predominem os conteúdos artísticos, existem os programas comunitários,[3] a preparação para olimpíadas, cursos de formação de tutores para o nível primário e até treinamento para prestar o exame para obter a licença de dirigir automóvel. Contam com um coordenador geral de oficinas e os docentes não provêm do sistema educativo, são, em geral, pessoas cuja atividade principal é aquela sobre a qual versa o conteúdo da oficina (pintores, cineastas, muralistas, músicos, cientistas, literatos). O atrativo dos que atuam como docentes de oficinas é justamente que não reproduzem nada dos hábitos e regras da escolarização.

Neste caso, a oferta escolar compete com as oficinas que os centros culturais da cidade ou artistas de renome reconhecido no campo da cultura oferecem. O benefício para os pais, segundo palavras do diretor, é que seus filhos podem ter acesso a esses professores e a esses saberes dentro da própria escola. As investigações que têm como objeto de análise a escolarização dos setores altos da população constataram a tendência deste grupo social a fazer da escola o espaço onde

---

3. Os programas comunitários consistem em tarefas de assistência a escolas destinadas a setores de baixa renda.

transcorre a totalidade da jornada e, em alguns casos, a instituição se projeta para o tempo livre, através de torneios esportivos, atividades comunitárias e/ou artísticas. Trata-se de vidas que transcorrem quase totalmente no interior de quadros institucionais (a escola, o clube). De modo diferente do que sucede aos jovens pertencentes aos setores populares onde, em muitas ocasiões, a escola acaba sendo o único espaço institucional do qual participam.

No caso das instituições públicas que têm como alunado setores médios ou baixos da escala social, as oficinas são financiadas pelo Estado mediante um programa especial. Nestes casos, é menor a quantidade e variedade da oferta, os docentes costumam provir do próprio sistema educativo, já que desempenham a função de professores ou preceptores na própria escola ou em outra instituição. É o caso, por exemplo, de um professor de literatura que coordena uma oficina de roteiro cinematográfico ou de um preceptor que faz outro tanto com uma oficina de teatro. Noutras ocasiões são ex-alunos ou familiares dos alunos que, tendo conhecimentos ou habilidades passíveis de serem transmitidas através de uma oficina, se oferecem voluntariamente a levar adiante essa atividade.

Finalmente, há um fato que marca uma diferença muito nítida entre a instituição privada e a pública. Na Argentina, a taxa de absenteísmo docente nas escolas públicas é muito alta (25%), quase o dobro do que a taxa de absenteísmo docente nas escolas privadas.

Dada esta circunstância, as escolas médias optaram por convocar uma equipe de docentes de oficinas no mesmo horário em que são dadas as aulas do currículo tradicional para que organizem as suas atividades nos horários em que faltam os professores e com os alunos que têm "hora livre". Deste modo, as oficinas não têm o efeito de ampliar a oferta das disciplinas obrigatórias, mas de suprir as aulas que deveriam ser dadas pelos professores regulares.

Nestas circunstâncias, os alunos que assistem a uma oficina nunca são os mesmos e, portanto, não há o processo acumulativo necessário à aquisição de uma habilidade ou de um conhecimento específico. Sempre se está começando do zero. A oficina se transforma num

SOCIOLOGIA DO ENSINO MÉDIO

entretenimento circunstancial, que permite neutralizar potenciais conflitos provenientes de uma população juvenil ociosa.

Todos os atores das diferentes instituições pesquisadas disseram que as oficinas se sustentam por serem atividades que gratificam tanto aos docentes como aos alunos. Os alunos vão porque querem e os docentes porque lhes dá prazer.

5. A gratificação e o desejo como suportes da atividade

Há muitos anos os analistas culturais e sociólogos (Bell, 1977; Bauman, 2000; Lypovetsky, 1994) discorrem a respeito das modificações que, na cultura e nas subjetividades de jovens e não tão jovens, produzem o desenvolvimento das comunicações e do consumo. Segundo estes autores, abandonamos o conjunto de valores que caracterizaram a primeira etapa do capitalismo para adotar outros mais adequados à reprodução da contemporaneidade. Da sociedade que fez do dever um dogma e da gratificação uma promessa sempre postergada para o futuro, passamos a outra que habilita a satisfação do desejo e faz do prazeroso uma exigência do dia a dia.

A escola, instituição estrela da modernidade, moldou a mente e os corpos de seus alunos no imperativo ilimitado dos deveres, das obrigações e do sacrifício no altar da pátria, da família, da história e do trabalho. Para ser coerente com este padrão socializador, orientou o seu trabalho pedagógico para o objetivo disciplinador: só se aprende com esforço e sacrifício. Com base nisso, a escola passou a ignorar a curiosidade — que nas crianças tudo o que as cerca desperta e organiza o mundo em que vivem — para, uma vez caladas, proporcionar-lhes os saberes e conhecimentos que dão resposta às suas perguntas, organizados em forma de disciplinas abstratas, cujos conteúdos dificilmente podem ser conectados com as curiosidades originais. Pelas mesmas razões, a escola antepôs as regras e as complexas análises gramaticais à gratificação de fazer da escrita um modo de expressão e comunicação de ideias, sentimentos e emoções. Este objetivo explica também a obstinação de transformar o estudo da história numa sucessão de datas e acontecimentos incapazes de encarnar as paixões e as lutas que atravessaram a humanidade em todos os tempos. Como esquecer a chatice infinita da enumeração de acidentes geográficos ou a impossibilidade de estabelecer algum vínculo entre a abstração matemática e sua aplicação cotidiana?

Assim, a escola transformou o aprendizado num exercício de disciplina e de obediência aos mandamentos escolares e familiares e associou o êxito à sua capacidade de aceitar uma trajetória escolar despojada de curiosidades, paixões, emoções, prazeres e alegrias na qual só secundariamente se atende à sua compreensão do mundo e ao desenvolvimento das habilidades necessárias para atuar nele.

A fábula infantil da cigarra e da formiga sintetizou magistralmente esta mensagem. A formiga trabalha durante todo o verão e o outono para armazenar provisões, enquanto a cigarra se diverte cantando sem fazer nenhuma previsão para o futuro. Tendo chegado o inverno, a formiga tem o seu prêmio, já que dispõe de abundantes alimentos, ao passo que a cigarra sofre o castigo da privação por irresponsavelmente abandonar-se ao prazer do canto.

A fábula construía uma dissociação insuperável entre prazer e trabalho, entre satisfação do desejo e possibilidades futuras. Definitivamente, fazia sua a promessa religiosa do inferno (neste caso consistindo na fome e na necessidade que as cigarras sofreriam no inverno) para aqueles que cometessem a ousadia de optar por um presente prazeroso.

A pesquisa educativa dá conta da emergência de novos valores e sensibilidades nos alunos. Já faz uma década[4] que verificamos que os jovens dos setores médios e altos idealizavam um futuro laboral no qual a gratificação era considerada um fator importante na avaliação da atividade futura. Nesta pesquisa, verificamos que a escola está incluindo uma série de práticas e atividades alternativas cujo

---

4. Ver TIRAMONTI, G. (Org.). *La trama de la desigualdad educativa*. Buenos Aires: Manantial, 2004.

funcionamento está baseado em apelar ao desejo tanto de alunos como de docentes.

De acordo com o discurso dos dirigentes, as oficinas permitem que os jovens se interessem por uma atividade que não está regrada pela obrigação e que, ao mesmo tempo, cria laços de pertencimento com a escola e de camaradagem com docentes e alunos. O atrativo das oficinas não é só do tipo de saber e de organização que propõem, mas, sobretudo, se baseia na capacidade de atrair um docente entusiasta e de sua condição de optativa, já que os alunos escolhem a oficina à qual querem frequentar.

Nestas atividades, os jovens se entusiasmam com as mais variadas propostas. Por exemplo, escrever um roteiro, para o qual devem realizar uma pesquisa, imaginar um cenário, redigir um texto e inventar personagens e diálogos. Em alguns casos, o coordenador da oficina que, numa escola, é capaz de levar seus alunos a se comprometerem com a tarefa de inventar uma história com base na qual realizam um vídeo, é o mesmo que, em outra escola, deve vencer a resistência dos alunos e a sua própria para cumprir com a exigência horária da aula de literatura.

Assim, a escola transformou-se num espaço para o qual confluem os ensinamentos de La Fontaine, e o consequente culto ao sacrifício, com práticas destinadas a promover a gratificação e a satisfação do desejo. As escolas que pregam o sacrifício estão associadas, em geral, às regras das disciplinas do currículo estabelecido e aos docentes que não conseguem tornar presente "um mais" de paixão, de gratificação, de prazer, e que ao mesmo tempo provoque as mesmas sensações nos seus alunos.

De modo diferente do que sucede com a rotina curricular, a oficina rompe com as dissociações modernas, abandona a sua ligação com a obrigação do programa, a exigência da prova e a aprendizagem sem sentido e se associa ao prazer de construir um produto culturalmente valorizado pelos alunos, em função do qual investigar e escrever adquirem o sentido de integrar-se ao diálogo da cultura contemporânea.

Como já dissemos previamente, disto estão em parte excluídos os alunos dos setores populares, já que nas escolas que frequentam este tipo de atividade é descontínua e perde a sua condição de optativa, porque se transforma em obrigatória para transcorrer de modo "entretido" o tempo livre que resulta do alto absenteísmo docente. Novamente se faz presente na escola um viés classista, neste caso em relação ao acesso a uma proposta que associe o aprender ao prazer.

À guisa de conclusão

O presente texto mostra algumas das limitações do dispositivo escolar para responder às exigências da contemporaneidade. Por um lado, a sua organização baseada num currículo compartimentado, com uma multiplicidade de disciplinas que devem ser cursadas simultaneamente e nas quais os alunos devem receber aprovação no mesmo ano, demonstrou ser um elemento importante na geração de fenômenos como a repetência e evasão em setores populares. Do mesmo modo, os sistemas de promoção desregulados ou baseados na autonomia dos alunos acabam sendo altamente expulsivos para os jovens provenientes destes setores sociais. Em atenção a estas circunstâncias, os diferentes países da região estão realizando experiências escolares alternativas que se propõem a preencher a lacuna entre a organização moderna da escola e os novos públicos aos quais deve atender.

A subjetividade dos jovens que hoje acodem à escola se conforma em diálogo com um meio cultural muito diferente das referências da instituição. Enquanto a escola está fixa na cultura ilustrada e num modo de transmissão baseado na tecnologia do livro, que condiciona um modo sequencial de aprender, os jovens estão formatados pela sociedade da comunicação, que faz da simultaneidade, da fragmentação e da velocidade o modo de "aprender" e dialogar com o mundo. Do mesmo modo, a escola continua fazendo da obrigação, do sacrifício e da postergação da gratificação a sua referência avaliativa, quando a sociedade de consumo gerou uma ética e uma estética que debilitam o dever (Lipovetsky, 1994) e entronizam o prazer.

Também neste caso, as instituições começam a "inventar" atividades alternativas que atendem ao desejo de alunos e docentes. Nestas instituições coexistem dois mundos culturais: o da obrigação e do sacrifício, que acompanha os cursos curriculares, e o da gratificação e do prazer a partir dos quais as oficinas convocam.

Em resumo, as exigências que hoje se projetam sobre as instituições educativas põem em questão o dispositivo escolar, marcando seus limites e incompatibilidades com os públicos que deve atender. Ao mesmo tempo, provocam inovações e mudanças tanto na organização escolar como em sua oferta cultural.

Referências bibliográficas

ARROYO, M.; POLIAK, N. Discusiones entorno a la fragmentación, identidades y compromisos. Enseñar en las escuelas de reingreso. In: TIRAMONTI, G. (Org.). *Variaciones sobre la forma escolar*. Límites y posibilidades de la escuela media. Buenos Aires: Homo Sapiens/Grupo Viernes, 2012.

BARBERO, J. M. *La educación desde la comunicación*. Buenos Aires: Norma, 2001.

BAUMAN, Zygmunt. *Trabajo, consumismo y nuevos pobres*. Barcelona: Gedisa, 2000.

BECK, Ulrich. *La democracia y sus enemigos*: textos escogidos. Barcelona: Paidos, 2000.

BELL, Daniel. *Las contradicciones culturales del capitalismo*. Madrid: Alianza, 1977.

BERARDI, Franco. *Generación post-alfa*. Patologías e imaginarios en el semiocapitalismo. Buenos Aires: Tinta Limon, 2007.

BRITO, Andrea. Los profesores y la escuela secundaria hoy. Notas sobre una identidad en repliegue. *Propuesta Educativa*. Buenos Aires: Grupo Viernes, n. 31, p. 62, 2009.

CASTELL, Manuel. *La era de la informática*. Madrid: Alianza, 1999. v. 1.

GRUPO VIERNES. Una experiencia de cambio en el formato de la escuela media: las escuelas de reingreso en la ciudad de Buenos Aires. *Informe de Investigación*. Buenos Aires: Grupo Viernes, 2008.

_____. Informe de avance sobre talleres escolares. Buenos Aires: Grupo Viernes, 2012.

HELD, D. *Modelos de democracia*. Madrid, Alianza, 1992.

LIPOVETSKY,G. *El crepúsculo del deber*. La ética indolora de los nuevos tiempos democráticos. Barcelona: Anagrama, 1994.

LLINÁS, Paola. Interpelaciones en los bordes de lo escolar: políticas para abordar la (inconmovible) forma de la escuela secundaria. In: TIRAMONTI, G. (Org.). *Variaciones sobre la forma escolar*. Límites y posibilidades de la escuela media. Buenos Aires: Homo Sapiens/Grupo Viernes, 2012.

NAJMANOVICH, D. Educar y aprender escenarios y paradigmas. *Propuesta Educativa*. Buenos Aires: Grupo Viernes, n. 32, 2009.

TERIGI, Flavia (Org). *Segmentación urbana y educación en América Latina*. El reto de la inclusión escolar. Madrid: EUROsociAL/OEI, 2009.

TOBEÑA, Verónica. La escuela en el mundo contemporáneo. Notas sobre el cambio cultural. In: TIRAMONTI, G. (Org.). *Variaciones sobre la forma escolar*. Límites y posibilidades de la Escuela media. Buenos Aires: Homo Sapiens/ Grupo Viernes, 2011.

TOURAINE, A. *Los movimientos sociales*. Buenos Aires: Anagesto, 1991.

ZIEGLER, Sandra; NOBILE, Mariana. Personalización y escuela secundaria: dinámicas de escolarización en diferentes grupos sociales. *Archivos*, La Plata: UNLP, ano 6, n. 6, 2012.

Sobre os Autores

AGNÈS van ZANTEN. Socióloga. Diretora de pesquisa no Centre National de la Recherche Scientifique (CNRS) e diretora do Réseau Analyse Pluridisciplinaire des Politiques Educatives (Rappe), ambos em Paris, França.
E-mail: agnes.vanzanten@sciences-po.fr

BERNARD CHARLOT. Doutorado em Educação pelo Université de Paris X, Nanterre, França (1985). Professor visitante nacional sênior da Coordenação de Aperfeiçoamento de Pessoal de Nível Superior na Universidade Federal de Sergipe, Brasil.
E-mail: bernard.charlot@terra.com.br

GUILLERMINA TIRAMONTI. Graduada em Ciência Política pela Universidad del Salvador, Buenos Aires, Argentina. Professora titular na Universidade Nacional de La Plata, Buenos Aires, Argentina. Pesquisadora na Área Educação e Sociedade da Faculdade Latino-americana em Ciências Sociais — Flacso/Argentina. Bolsista doutoral do Conselho Nacional de Investigación Científica y Tecnológica, Argentina.
E-mail: tiramonti@flacso.org.ar

MARIA ALICE NOGUEIRA. Bolsista de produtividade em pesquisa 1C. Doutorado em Ciências da Educação pelo Université Rene Descartes, Paris V, Sorbonne, França (1986). Professora titular da Universidade Federal de Minas Gerais, Brasil.
E-mail: malicen@terra.com.br

MARILIA PONTES SPOSITO. Bolsista de produtividade em pesquisa 1A. Doutorado em Educação pela Universidade de São Paulo, Brasil (1989). Professora titular da Universidade de São Paulo, Brasil.
E-mail: sposito@usp.br

NORA KRAWCZYK. Bolsista de produtividade em pesquisa 1D. Doutorado em Educação pela Universidade Estadual de Campinas, Brasil (1993). Professora doutora II da Universidade Estadual de Campinas, Brasil.
E-mail: norak@unicamp.br

RAQUEL SOUZA. Doutoranda na Faculdade de Educação da USP. Assessora da organização não governamental Ação Educativa — Assessoria, Pesquisa e Informação.
E-mail: raqsou@gmail.com

ROSEMEIRE REIS. Doutora em Educação pela Universidade de São Paulo, Brasil (2006). Professora adjunta na Universidade Federal de Alagoas.
E-mail: reisroseufal@gmail.com

WANIA GUIMARÃES LACERDA. Doutorado em Educação pela Universidade Federal Fluminense, Brasil (2006). Professora adjunta da Universidade Federal de Viçosa, Brasil.
E-mail: waniamgl@ufv.br